図説 古代エジプト誌

ヒエログリフ 文字手帳

自然風土のめぐみ 編

文・写真 松本 弥

弥呂久

はじめに・4

第1章　自然・風土のめぐみ ……………………… 5

- ナイル流域地図・6
- エジプトの衛星写真・7

古代エジプトの風土 ……………………… 8

エジプトの気候・8
ナイルの恩恵・9
古代、沙漠はサバンナだった・12
方位の中心は南、北は永遠の方角・20

- ヒエログリフによるエジプト周辺地図・24
- ヒエログリフによるエジプト地図・25

生死に結びつけられた東西・26
エジプト人の考えた世界・27
ナイルの増水のサイクル・31
ナイルと天文現象・33
シリウス・ナイル暦・38
1日は24時間で時計も・41

- 星時計・42

国土と自然環境・46
ノモス（州）と町・48

- 下エジプトのノモスと守護神・50
- 上エジプトのノモスと守護神・52

人びとのまわりにある色・54

第2章　自然のめぐみに祈る …………………… 59

1. 身近な動物 ……………………………………… 60

　ほ乳類・60
　動物の部位をあらわした文字・76
　は虫類、両生類・77
　鳥類・79
　その他、鳥について・91
　魚類・94
　昆虫、節足動物・97
　空想上の動物・102

2. 植物について ……………………………………104

　おもな植物と神々・104

3. 自然からいただく恵み …………………………118

　農耕・118
　食と食材・122
　主食としてのパン、そしてビール・126

4. 自然、国、人を守る人の姿のおもな神々 ………133

　● ヒエログリフのかな文字（1子音文字）・142

ヒエログリフの索引・発音記号・143

はじめに

　古代エジプト時代に発明された象形文字、ヒエログリフ。ヒエログリフとは、古代にエジプトを訪れたギリシア人が神聖な神殿や墓などの壁に、はっきりとモノの形がわかる形で刻まれていた文字を見て、「聖刻文字」という意味で「ヒエログルフィカ」とよんだことに由来しています。

　数あるそれらの文字は、すべてが古代エジプト人の身のまわりにあったものばかりで、それらの文字がそのまま「古代エジプト百科辞典」のようなものなのです。しかし、それらを表意文字としてもちいただけでは、複雑な情報は伝えられません。そこで試行錯誤の末、考案された仕組みが、同じように象形文字を祖先に持つ漢字、平仮名、片仮名を組み合わせる日本語とよく似たものでした。

　ただ発音するだけの文字もあれば、意味のある文字、「上」「幸」「福」などその文字の意味以上の存在感を示す文字……こうした使い方も日本語とよく似ています。異なっていて興味深いのは、象形文字を選ぶにあたっての考え方の違い、空気などの見えないもの、一定の形がないもの、感情などをどう表記するかに、古代エジプトの人びとのモノに対する考え方があらわれていることです。

　古代エジプト人の発想を知ることで、少し彼らに近づいてみませんか。

　20年前、本書の前身として『古代エジプト文字手帳』を著しました。ヒエログリフを日本文に組み込む困難は、この頃、コンピュータによる書籍編集が可能になったことで実現しました。そして今、コンピュータの機能ははるかに発展しましたし、以来、エジプトをはじめ、古代エジプトの遺産についての取材を重ねてきたことで、その資料は膨大な量になりました。神殿のひとつの場面を良好な光線の状態で撮るために、1日を費やすことも少なくありませんでした。テレビ取材などで、単独では行けない秘境の遺跡への取材の機会にもめぐまれました。そしてこのたび、そうして得た図版を贅沢に使い、あらたな情報を加えてわかりやすく、あらためてご紹介する機会を得ました。

　本書が、皆さまのエジプトへの興味を増し、ご理解を深めていただく一助となりましたなら幸いに存じます。

　恐縮ですが、ヒエログリフの仕組みにつきましては拙書『Let's Try! ヒエログリフ』で入門いただき、『ヒエログリフ入門』吉成薫／著　弥呂久／刊（Amazonのみ取り扱い）などに進んでいただけますことを期待しております。

著　者

第1章　自然風土のめぐみ

ナイル流域地図

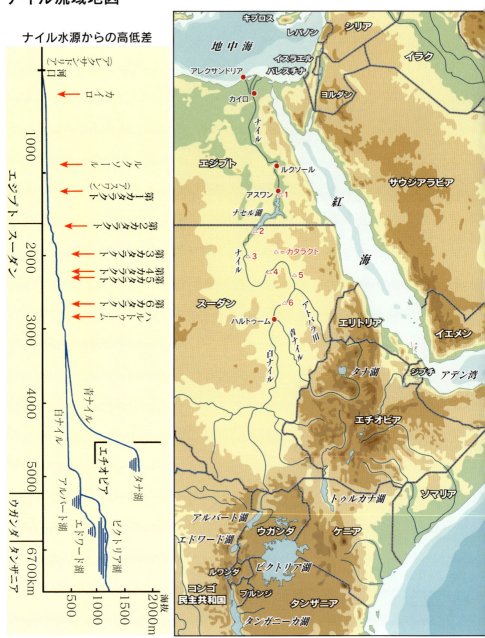

第1章 自然風土のめぐみ

エジプトの衛星写真

※地図は本書の見返しに掲載しています。

Photo : NASA

古代エジプトの風土

エジプトの気候

　沙漠の国という印象が強いエジプトについては、多くの方が日本よりも南にある国、と思っていらっしゃるのではないでしょうか。ところが実際は、地中海に面したアレクサンドリアは九州の南端あたり、首都のカイロが奄美大島、聖都として観光の中心になっているルクソールが沖縄県と同じくらいですから、緯度だけで見るとエジプトはそれほど南の国ではないのです。

　冬の間は、アレクサンドリア、カイロはもちろん、日中は桜が咲く頃の気温になるルクソールや沙漠のオアシスなどでも、夜にはコートが必要なほど寒くなります。

　3月に入ると季節の変わり目になり、ハムシーンという砂嵐がおこりやすくなります。地平線付近が薄茶色にかすむくらいのときもあれば、まれに、街全体に黄色のフィルターがかかったようになって、目を開けていられないほど砂が舞うこともあります。

　4月半ば〜5月は、日中は夏の暑さですが、湿気が少なく、木陰では実にさわやかです。夜も冷え込むことはなく、気持ちよく過ごせます。

　6月〜10月の夏の間は厳しい暑さで、カイロ以南では、気温が40度をこえることはめずらしくなくなります。この頃はさすがにエジプトの人たち

ハムシーン
空が曇り、急に気温も高くなり、風が強くなって砂が降りはじめました。1時間ほどで風はおさまりましたが、ベランダには薄らと砂が積もっていました。
2006年5月6日午後5時頃、ナイル・ヒルトンよりカイロ・エジプト博物館方面を望む

第1章 自然風土のめぐみ

も、屋外での仕事は午前中で終えることが多くなります。

ナイルの恩恵

前ページの衛星写真にあるように、沙漠の大地を流れるナイルにそったわずかな緑地、首都カイロあたりから北に広がる下流域の三角州、このわずかな土地がエジプトの人びとの生活の場となっています。それ以外の沙漠は国土の96%以上をしめており、人が定住できる場所ではありません。ナイルが流れていなければ、ほとんどが沙漠の不毛の大地になっていたのかもしれませんね。

この雨の降らない大地を、尽きることなく流れるナイルの水はいったいどこからきているのでしょうか。

その源流は2つあります。ひとつはアフリカ中央部のウガンダ、ケニア、タンザニアに囲まれたヴィクトリア湖で、そこからの流れを白ナイルといいます。外国人としてこの源流を確認したのは、1858年、イギリス人の探検家ジョン・ハニング・スピークでした。この白ナイルの全長が約6700kmあり、世界最長なのです。

もうひとつは、エチオピア北西部の高原地帯にあるタナ湖で、ここからの流れを青ナイルといいます。こちらのほうは、1770年代にスコットランド人の探検家ジェームズ・ブルースが確認しており、タナ湖からナイル下流のデルタ地帯までをたどりました。

この2本のナイルが、スーダンの首都ハルツームで合流し、岩盤が変化して流れが速くなる「カタラクト」「急湍(きゅうたん)」とよばれる場所(第6カタラクト)をへて、青ナイルと同じくエチオピア高原から流れてくるアトバラ川が合

ハルツームで交わる白ナイルと青ナイル 左下からの流れが白ナイル、右からが青ナイルです。
Photo : NASA

わさります。アトバラ川は、エチオピア高原の雨期にあたる6月～10月以外はほとんど流れがありません。その後、河口までの約2700kmの間、ナイルに合流する川はなく、5カ所のカタラクトを経て、首都カイロ以北のデルタ地帯で分流するまで、ただ1本の流れとなっています。現在は、スーダン北部からアスワンにかけて、1970年に完成したアスワン・ハイ・ダムによってできた人造湖、ナセル湖があり、アスワンから河口まで、長さ約1200kmが人びとの生活の場というわけです。ナイル流域の緑地は、デルタ地帯をのぞくと、広いところでも幅20kmほどしかありません。

　さて、日本に住む私たちのまわりにはいくつもの川が流れ、それぞれに名前があり、意味があります。それでは「ナイル」とは、いつからある名前で、どのような意味があるのでしょう。

　実は「ナイル」とは、古代エジプト時代の言葉に由来するもので、ただ「川」という意味でしかないのです。エジプトには川は1本だけなので、特定の名前をつけて区別する必要がなかったのですね。

　古代エジプト語で川のことは 〈イテルゥ〉です。それに英語のTheのように、「その川」というときの**その**にあたる〈ナ〉という冠詞がついて 〈ナ・イテルゥ〉です。おそらく、前6世紀頃から交流があったと思われるギリシア人がエジプトで地名をたずねたなかで、「ナ・イテルゥ」＝「川」と教えられ、それが川の名前として記録されたのではないでしょうか。ちなみに**カタラクト（急湍）**のことは、激しい流れのようすから〈ムウ　ビン〉（直訳すると「悪い水」）、水がわき上がってくるようすを〈アケト　ネト　ムウ〉（直訳すると「水の叛乱、蜂起」）ですから、難所であったことがわかります。〈ムウ〉が**水**です。

　沙漠のことを古代エジプト人は〈デシェレト〉とあらわしていました。意味は「赤い土地」です。沙漠の色のイメージですね。単語にフラミンゴの文字がついていますが、フラミンゴは塩湖などを赤くそめる藍藻類を食べることから羽根の色もピンク色をしています。フラミンゴの文字は「赤」の意味を決定するために使われています。

　ナイル流域の**農耕地**は〈ケメト〉とあらわしました。それは**エジプ**

第1章　自然風土のめぐみ

フラミンゴ　　シーワ・オアシスの塩湖で餌をついばむフラミンゴ

ト（の国土）を意味します。ナイルの水が行き渡った土地は黒く肥えていて、そこに植物が育ちます。そうして生活のできる土地がエジプトの国そのものと考えられていたからなのでしょう。〈ケム〉が**黒、髪**という意味で、は町や国の意味を決定する文字です。〈ケメト〉で**エジプト人**を意味します。

そのケメトに恵みをもたらせてくれる**ナイル**に、古代エジプト人は〈ハピ〉という神聖な名前をつけていました。**ハピ神**は、しばしば太った男の姿であらわされました。これはナイルが多くの実りや魚をもたらし、国を豊かにしていることを象徴しているのです。

ナイルはまた、王がこの国を統一するにあたっても、人やモノの移動、情報伝達の幹線として重要な存在でした。都市はほと

ハピ神（左）とラメセス3世
ハピ神の全身は水色で彩色され、頭上にはパピルスの茂みのイメージがのせられています。ラメセス3世は、崇拝の姿勢です。頭上には「ウセルマアトラー・セテプエンアメン（ラー神の秩序は力強い、アメン神に選ばれしもの）」ときざまれています。
新王国時代第20王朝、前1170年頃、マディナト・ハブ、ラメセス3世葬祭殿（ルクソール西岸）

んどがナイル沿岸にあったので、ナイルを往来するだけで用が足りたのです。舟を着けた河岸から町へも苦にならない距離ですし、荷物はロバがになってくれました。

エジプトでは、巨大なピラミッドが建造された時代に車輪は知られておらず、前1700年頃に西アジアからウマがひくチャリオット（戦車）としてはじめて伝わってきて、利用されるようになりました。

ところで、川には流れがありますから、それに逆らってさかのぼるには大変な労力を必要とします。しかし、ここでもエジプトは自然に恵まれていて、日中はたいてい、下流から上流に向かう風が吹くのです。陽光で陸地が温められるので、冷たい地中海から北風が吹くわけです。つまり、川をさかのぼるときは、帆をはれば風が大きな助けとなります。

聖地アビュドスへの巡礼にもちいられる船
アビュドスは、冥界の神オシリスの聖地でした。来世への復活、平穏な生活を願った人びとは、このアビュドスへ巡礼に出かけ、自身の業績などをきざんだ石碑などを奉納したのです。
上はナイルをさかのぼるとき、下は下るときの船のようすがあらわされています。
新王国時代第18王朝、前1450年頃、レクミラの墓（ルクソール西岸）

ですから、**上流に向かう、川をさかのぼる**ことは〈ケンティ〉というように、帆をはった船の文字を使ってあらわします。そして**下流に向かう、川を下る**ことは〈ケディ〉と、帆を下ろした船の文字であらわしました。

古代、沙漠はサバンナだった

今日の衛星写真などを見ると、沙漠にはオアシス以外にほとんど緑地がなく、不毛の大地であることがわかります。沙漠のことは、古代エジプト人が追い求めた生命を育む環境とは対照的な死の世界としてたびたび紹介されますが、はたして古代エジプト時代も、今日のようなほとんど生物が見られない不毛の沙漠だったのでしょうか。

第 1 章　自然風土のめぐみ

沙漠での狩り　最上段には、ネコ、ジャッカル、チーターと思われるネコ科動物、その動物の背中に羽と人頭のある架空の動物、ハリネズミ、ウサギ、2 段目にはレイヨウの他、中央に雄ライオン、3 段目中央にはハイエナらしき動物が描かれています。
中王国時代第 12 王朝、前 1900 年頃、クヌムヘテプ 2 世の墓（ベニ＝ハッサン）

　多くの古代の遺産、とくに古王国時代以前のものには、ライオン、カバ、ナイルワニ、ダチョウ、ハイエナなど、サバンナの生物がたくさんあらわされています。王や貴族達による、これらの動物を獲物にした巻き狩りに似た狩りのようすが壁画にあらわされていることからも、緑地の周辺にはさまざまな動物が棲息できる環境が残っていたと考えられています。

　今からおよそ 1 万 2000 年前、現在のサハラのほとんどがサバンナだったことがわかっています。エジプトの南西の端、リビア、スーダンの国境近くにギルフ・ケビール（アラビア語で「大きな台地」という意味）という場所があります。そこに前 1 万年ほど前から前 5000 年ほど前にかけての、先史時代の人びとの岩面画が残されています。その絵には、人びとが生活していたようすがわかるものとともにダチョウ、キリン、ゾウなど、サバンナの動物の姿も描かれています。

　実際にギルフ・ケビールに向けて沙漠を進み、岩山のふもとなど、人が身を寄せそうな場所に行ってみると、ダチョウの卵のかけらが散らかっていたり、ときには石器も発見できたりします。

[上] ギルフ・ケビール
リビア、スーダンとの国境に近い西沙漠にあります。その地名の意味は、「大きな台地」です。周囲とは300mほどの高さがあります。

[左] ギルフ・ケビール西
2003年1月、中央の岩のくぼみで、膨大な数の先史時代の人びとが残した岩面画が発見されました。

　ギルフ・ケビールでは数千年にわたって岩面画が描かれ続けました。場所によってはサバンナの動物と狩りをしている人の絵だけが残るところや、ウシの群れを描いて放牧をしている人のものと思われる絵が残されているところなど、少しずつ自然環境、人びとの生活様式に変化がおこっていったことがわかります。

　興味深いのは、人がキリンを飼っていると思われる絵が描かれていることでしょう。これは、人類が野生動物の中から家畜にできる動物を選ぶ過程のあらわれと考えられます。結果的に人類はウシやヤギ、ヒツジを家畜に選んだのですが、こうしたことでもこの地域の岩面画は貴重な歴史資料といえるのです。

　前1万年頃にサバンナだったことは、地層から発見された花粉を分析することでわかっています。花粉の分析によって、その当時、どういう植物が繁茂していたかがわかり、科学的にも証明されているのです。

第1章　自然風土のめぐみ

[上] ギルフ・ケビール西の岩面画
弓を持つ人、集まって何かをする人たち、親子と思われる姿、キリンなどが見えます。まだウシを家畜とする以前の人びとの、数百年にわたる遺跡と考えられています。ウシ以前の岩面画では、キリンがさかんに登場します。動物を家畜にするにあたって、このあたりでキリン、ウシなどの選択がおこなわれていたのでしょう。
獰猛なネコ科動物もしばしば登場しますが、その頭部は、それを恐れてか、描かれていません。

[上、左] ギルフ・ケビール南
発見者にちなんでショウズ・ケーブとよばれている岩陰の岩面画です。精力的な1頭の牡ウシを中心にした遊牧がおこなわれていたことがわかります。キリン、ネコ科動物は描かれなくなります。
上はテントのようすです。荷物が吊り下げられていたり、仔ウシはテントの近くに置いたのでしょう。

第1章　自然風土のめぐみ

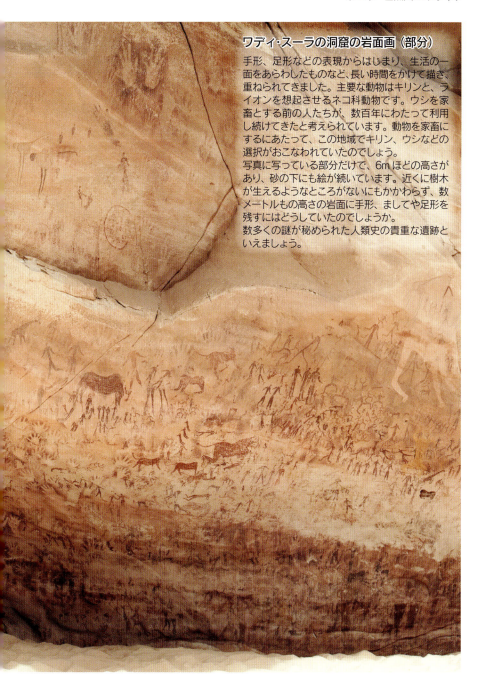

ワディ・スーラの洞窟の岩面画（部分）

手形、足形などの表現からはじまり、生活の一面をあらわしたものなど、長い時間をかけて描き重ねられてきました。主要な動物はキリンと、ライオンを想起させるネコ科動物です。ウシを家畜とする前の人たちが、数百年にわたって利用し続けてきたと考えられています。動物を家畜にするにあたって、この地域でキリン、ウシなどの選択がおこなわれていたのでしょう。

写真に写っている部分だけで、6mほどの高さがあり、砂の下にも絵が続いています。近くに樹木が生えるようなところがないにもかかわらず、数メートルもの高さの岩面に手形、ましてや足形を残すにはどうしていたのでしょうか。

数多くの謎が秘められた人類史の貴重な遺跡といえましょう。

ウォーター・マウンテン　中腹の岩面に先史時代からの浮彫りが施されています。
右は「ウォーター・マウンテン」の呼称のもとになったこの場所のしるし。

　地質調査によると、このサハラが1万年の単位で、沙漠とサバンナの環境を繰り返していることがわかっています。

　現在、もっとも近いオアシスから西へ100km以上も離れている沙漠に、ウォーター・マウンテン「水の山」という名前がつけられている場所があります。それは、この地のある岩山に古代エジプト時代の象形文字、ヒエログリフで山をあらわす文字⌒と水をあらわす文字〜を組み合わせた絵が残されているからです。それとともに、有名なギザの大ピラミッドの王「クフ」と、その長男「ジェドエフラー」の名前、そして石工、遠征隊を意味するヒエログリフがあるので、これらを合わせると、ギザ台地にピラミッドが建造されていた頃、ここまで何らかの石材、あるいは壁画などを装飾するための顔料を求めて遠征隊が派遣されてきていたことがわかります。そしてその当時、季節は限られていたかもしれませんが、ここは豊富に水があって休むことができる場所だったと考えられるのです。驚くことに、舟と思われる絵も描かれているほどです。

　この頃には車輪がなく、ロバなどが背に荷物を積んで運びました。ギザからここまで約700km、ロバが食べる草が生え、水もあったからこそ可能な遠征だったのです。

　エジプトは、メソポタミア地方との交流のなかで文字使用などの影響を受

第1章 自然風土のめぐみ

ウォーター・マウンテンに刻まれたクフ王の名前（左）と遠征隊の落書き

けて文明発祥にいたったと考えられています。しかし一方で、西方地域がしだいに乾燥化に向かっていくと、牧畜をしていた人びとのなかにナイル流域での定住生活を選ぶ人もあったことは自然のなりゆきです。そうして、遊牧民だった人びとの文化、慣習も、のちにエジプト文明とされるなかに取り込まれていったことでしょう。

たとえば、牝ウシの神ハトホルが豊饒、誕生をつかさどる神でありながら、死者が向かうと考えられた西の沙漠にある墓地（ネクロポリス）をつかさどるともされていました。かつて、西

ウォーター・マウンテンのしるしに書かれたジェドエフラーの名前
ネチェルウ・ネブウ「黄金の神々」の文字に王名、「生きよ、安らかなれ、彼に喜びあれ、永遠に」の文字が記されています。

西沙漠からあらわれるハトホル女神
西の沙漠が赤色で表現されています。
新王国時代第20王朝、前1170年頃、ティティの墓（ルクソール西岸）

ナブタ・プラヤのストーン・サークル
保護のために、重要ないサークルは、アスワンのヌビア博物館に移されています。
前5000年頃、ヌビア博物館（アスワン）

方の人びとのなかには、埋葬時にウシを副葬する慣習もありましたから、それがナイル流域の人びとにも影響したと考えられなくもありません。今後の調査、研究が楽しみです。

　アブシンベル神殿のあたりから、西へ100kmほどにあるナブタ・プラヤ遺跡では、天文観測の可能性がうかがえるストーン・サークル（環状列石）がいくつも発見されています。天文観測の遺跡だとすると、新年の基準となる冬至、あるいは雨期や乾期を天文観測によってあらかじめ知り、生活の指標としていたのだろうという可能性が考えられます。

　なかには、日本で「麦星」とよばれる牛飼い座のアルクトゥルスを観測していたのではないかと推察される列石も報告されています。遊牧生活をする人びとが、ムギの収穫を知る基準となる星を観測していたというのはどうしたわけでしょうか？　西方の遊牧民とナイル流域の人びととは物々交換をしていたことがわかっていますから、穀物を栽培しない彼らにもムギの収穫時期を知る必要があったのかもしれません。天文観測によって生活の指標を得るなどの知恵も、西方の文化からはじまったのではないか……今後、沙漠地帯の調査が進められるなかで、西方の古くからの文化がナイル文明にどのように影響したかが明らかになってくるのではないでしょうか。

方位の中心は南、北は永遠の方角

　人びとは舟でナイルを往き来し、西アジアや沙漠へと、遠征隊や隊商が出

第1章 自然風土のめぐみ

発して行きました。当然、これからどの方角に向かうのかは予定されており、簡単な地図もありました。

　私たちが方角を考えるとき、方位磁針（コンパス）の指す方角、北を基準にします。地図も北を上にして考えますね。ところが、前1世紀に中国で方位磁針が発明されたとき、その名称は「司南」でした。南は皇帝が向く方角、王宮などが建てられる向きであり、太陽が南中する方角です。

　「指南」という、人を正しい方向や進路に導く意味で使われる言葉があるのも、ここに由来するのです。

　古代エジプトでも南は大地に恵みをもたらせてくれるナイルが流れてくる方角、太陽が南中する方角などとして、南を基準にして考えていました。

　ヒエログリフでは、**南**〈レスィ〉、**北**〈メヘティ〉とあらわしました。

　南の象徴である葦(あし)の文字は、今日のカイロ市以南、ナイル渓谷地帯の「上エジプト」を、北の象徴であるパピルスの文字は、ナイル・デルタ地帯の「下エジプト」をあらわす象徴でもあります。**上エジプト**は〈シェマウ〉または〈タァ　シェマウ〉、**下エジプト**は〈メフウ〉または〈タァ　メフウ〉とあらわします。

　なぜ南を方角の中心に置いていたのかわかるかといえば、「東」と「左」、「西」と「右」を、それぞれ同じ文字を使ってあらわしているからです。

　人が南に向いて立ったとき、おのずと左腕が東、右腕は西を指しますね。**東**〈イアベト〉、**西**〈アメント〉であり、**東の、左の**〈イアビィ〉、、**西の、右の**〈アメンティ〉とあらわします。

　ナイルによる南北の方向感覚が、いかに古代エジプト人にとって根強いものであったかがわかるエピソードがあります。

　新王国時代第18王朝、前1500年頃、トトメス1世がシリアに進軍し、ユーフラテス川上流のカルケミシュまで侵攻したときのことです。エジプト

北天の星座　中央のウシとその後ろで横になっている人物とで現在の北斗七星をあらわしています。ウシの上に、ヒエログリフで「メセケティウ」と書かれています。ウシの前で横になっている女性は、しばしばサソリのシンボルを頭上にいただいたり、サソリそのものであらわされることがあるセルケト女神（p.101）のヒエログリフがそえられています。　新王国時代第19王朝、前1290年頃、セティ1世王墓（ルクソール西岸）

北方向の測り方

軍の兵士たちは、故郷のナイルを思い起こさせてくれるユーフラテス川のほとりに立って驚きました。それまでエジプト人にとっては、川といえばナイルであり、川は南から北へ流れるものとのイメージができていました。ところがユーフラテス川はトルコのアナトリア高原の源を発し、ペルシア湾に注ぐ、つまり北から南へ流れる川です。エジプト人にとっては逆方向に流れる川だったのです。

　エジプト人による記録では、**ユーフラテス川**は、ナイルとは逆に流れる川ということから、〈ペケル〉**回転する、折り返す、方向転換**などの意味をあらわす語と〈ウル〉**大きな、偉大な**という語と「運河」の文字を組み合わせ、〈ペケル・ウル〉（偉大なる方向転換するもの＝逆さ川）とよんだのです。

　古王国時代のギザのピラミッドの各面が、ほぼ正確に東西南北を向いてい

第1章 自然風土のめぐみ

ウシのもも肉の形があてられたメセケティウ
左は「天」のシンボル（ヒエログリフ）を持ち上げる天の女神ヌト。　ナクトの棺、中王国時代第11王朝、前2020年頃、レーマー・ペリツェウス博物館（ヒルデスハイム）[5999]

ミイラに口開けの儀式をおこなうアイ
手に持つ手斧もメセケティウとよばれ、その形が北斗七星に結びつけられていました。アイは王がかぶる青冠をかぶり、神官職のシンボルであるヒョウ（あるいはチーター）の毛皮をまとってます。
新王国時代第18王朝、前1340年頃、トゥトアンクアメン王墓（ルクソール西岸）

ることは、この当時、建設にあたった人びとが天文を観測して測量していたことのあらわれです。

その観測方法は左図にあるようにおこなわれたと考えられています。古代エジプトの人びとは**北天の星**が決して地平線に沈まないということも知っていたのです。永遠の命をもとめていた彼らはこれらの星を「永遠」を象徴するもののひとつと考え〈イケム・セク〉**不滅の星**とあらわし、「北」には永遠のものがあると信じました。その北天にあって、印象的な形の**北斗七星**は古代エジプト人にとっても同じだったようで〈メセケティウ〉とあらわしました。供物のなかでも最高級品のひとつであるウシのもも肉、死者が来世で話したり、食べたりできるようにするためにおこなわれるミイラの口開けの儀式で使われる手斧の形などを重ねていたようです。

北天に対して、大きく天を動く**南天の星**は〈イケムゥ・ウェルジュ〉**疲れを知らないものたち**とよばれていました（p.46）。**天の川**は〈メセケト〉でした。

ヒエログリフによるエジプト周辺地図

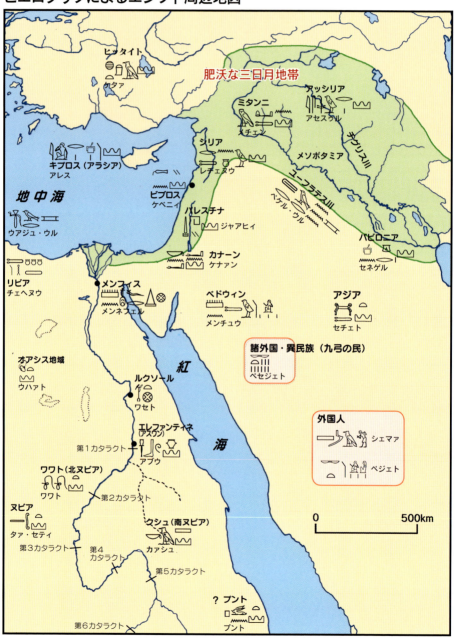

第1章　自然風土のめぐみ

ヒエログリフによるエジプト地図

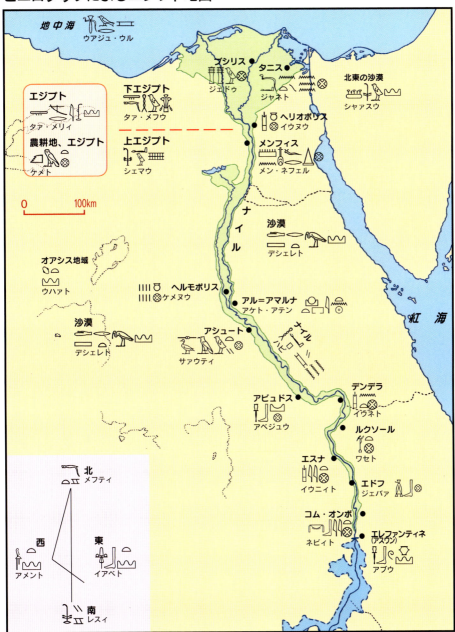

ところが、それだけ方角にこだわっていたにもかかわらず、ルクソールに築かれた多くの神殿の軸線は、方角がきちんと東西南北を指していません。それらはナイルに対して平行だったり、垂直だったりしています。これは、前ページの地図にもあるように、ナイルがルクソールあたりで大きく曲がっているためです。古代エジプト人にとって、ナイルの流れが多少曲がったとしても、観念的にナイルは南から北へ流れていると定まっていたので、そのままナイルの流れを基準にして建設したというわけです。天文観測をして東西南北を定めていればこうはなりません。

生死に結びつけられた東西

　ナイル、北天の星、南天の星という南北方向に交わるのが、日毎、東から西へ天空を移動する太陽でした。太陽はナイルとともにエジプトの国土に恵みをもたらせてくれる大きな力のあるものとして、太古から人びとが神聖視していました。こうして古代エジプト人は、おのずと、東西南北を強く意識することになったのだとわかりますね。

　日の出近くなると空が明るくなり、景色が見えてきます。そして日の出とともに暖かさが伝わり、活力がわいてきます。自然と一体になって暮らしていると、日毎変わらずに太陽があらわれることへのありがたさ、自然への感謝の気持ちが起こるのは何ら不思議なことではありません。人びとは太陽が昇る東と生命の誕生を結びつけました。一般的に、ナイルを挟んで東側は「生」の世界とされ、王宮、現世をつかさどる神への信仰の聖地などが設けられました。

　対して人びとは、太陽が沈む西を死の世界と結びつけました。西の沙漠は、地下にある冥界への入口と考えられ、ピラミッド、王家の谷などの墓や死者を供養するための神殿、葬祭殿、死者を受け入れる神々のための神殿が設けられました。ただし、西方はただ生命が終わってしまう死の世界ではなく、太陽のように人の生命も再生復活するために向かう方角とされ、西方をつかさどる神々は、死者をあたたかく迎え、復活のための行程を先導する役目があると考えたのでした。

エジプト人の考えた世界

こうした風土に生きたエジプト人は、彼らの世界をどのようにイメージしていたのでしょうか。

ひとつの例をあげるなら、大地は丸い円盤状であり、その中心にナイルが流れ、まわりは沙漠の山で囲まれているものとされていたようです。大地は大きな海（原初の水）に浮かんでおり、天 〈ペト〉はこの台地におおいかぶさっているものでした。途切れることなく流れるナイルの水、大地から湧き出る水はすべて原初の水と考えました。

ヌビア遠征をおこなっている彼らは、ナイルの水がヌビアのはるか南から流れてくることは知っていたはずですが、観念的にナイルの水は、アスワンの岩場にある水源からほとばしり出る、あるいは、ナイルの神ハピがもつ壺から流れ出るものとされていました。

原初の水は 〈ネヌゥ〉、**大地**は 〈ゲブ〉と神格化されてあらわされています。当時の人びとは、次ページの図のように来世は現世の下にあると考えたのです。天は大地をはさんで鏡に映したような状態で存在し、現

ナイル源流のイメージ（左）とビーガ島
アスワン、イシス神殿の浮彫には、ビーガ島の岩山にある洞窟で、水を流すハピ神の姿があります。その洞窟はヘビが守護し、岩山の頂上にはハゲワシ、ハヤブサがとまっています。右はビーガ島の聖域への塔門。フィラエ島のイシス神殿に対して、ビーガ島には夫であるオシリス神が祀られていました。
プトレマイオス朝時代、イシス神殿（アスワン）

ヌゥト（天）

シュウ（大気）

ゲブ（大地）

ネヌゥ
（原初の水）

ドゥアト
（冥界＝地下の世界）

ネネト
（冥界の天）

世界観の表現
天〈ペト〉が大地に建つウアスの杖に支えられています。多くの壁画が、こうした世界の枠の中に描かれています。

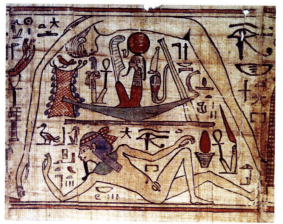

擬人化された世界
天の女神ヌゥト、横たわる男神ゲブ、その間を大気の神シュウのシンボルであるダチョウの羽をもった太陽神が太陽の舟で航行するようすがあらわされています。太陽神は、東でヌゥト女神から生まれ、西で女神に呑み込まれるのです。太陽神の前に座る小さな女神は、同じようにダチョウの羽を頭上にいただいていますが、こちらは真理・秩序の女神マアトです。舟の舳先には、日の出を告げるツバメがとまっています。
ネスパカアシュウティの死者の書、第3中間期第21王朝、前1000年頃、ルーヴル美術館 [17401]

世の**天**を 〈ヌゥト〉あるいは と女神の姿であらわしました。ゲブとヌゥトの間には、**大気の神** 〈シュウ〉があり、見えない姿で天を支えていると考えられていたのです。対して、**来世の天**を 〈ネネト〉とあらわしました。これらヌゥト、シュウ、ゲブはしばしば擬人化された姿であらわされることがあります。

　ちなみに、息をするのに必要な**空気、息、風**は 〈チャウ〉というように船の帆を使ってあらわします。

　地下にあると考えられた**冥界、来世**のことは 、 、 〈ドゥアト〉とあらわされました。

　また**天、空**は、 〈ヘレト〉ともあらわします。

　その他にも、**天井** 〈ハアト〉の語もあります。これなどは漢字であらわす「天井」と同じ感覚でもちいられています。

第1章　自然風土のめぐみ

「昼の書」と「夜の書」　太陽（ラー神）は、スカラベの姿で誕生し、ハヤブサ頭の姿になって太陽の舟で昼の12時間を航行します。そして夕方には、天の女神ヌゥトに呑み込まれ、また翌日に生まれるために体内を進むのです。「夜の書」は、それとは対称的に、夜の12時間を舟で航行するようすが描かれています。　新王国時代第20王朝、前1150年頃、ラメセス6世王墓（ルクソール西岸）

天の牝ウシ
ウシの身体が天と考えられ、その腹を大気の神シューが支えています。そこを太陽神の舟が進みます。脚は天を四方から支える柱と考えられ、神々が支えています。
新王国時代第19王朝、前1290年頃、セティ1世王墓（ルクソール西岸）

またこの「ペト」、壁画を観察すると、その壁画の上枠のように、他の場面と区切るように描かれています。しばしばそのペトの文字に星があらわされていることもあります。またペトの両端には、この「天」を支える「ウアス」の杖が描かれていることもあります（p.28）。

このペトから派生した文字としては、ペトと壊れたウアス杖（?）を組合せ、**夜**をあらわす文字になります。〈ゲレフ〉、〈ウェク〉です。

また〈ケクウ〉**暗闇**、〈アケクウ〉**夕闇**などもあります。ちなみに**昼**は、太陽の文字がついて〈ヘルウ〉です。

は露が降りるようすをあらわした文字です。〈イアデト〉は**露**です。**香水を振り掛ける**ようすも、この文字を使って〈イデト〉です。〈シェニイト〉**大雨**をあらわします。

ところで、太陽は**太陽の舟**〈ウィア〉に乗って現世と来世の空をめぐっているものと考えられていました。日没後、冥界にある12の時間を苦難を克服しながら通過し、復活に向かうのです。また別の神話では、天がヌト女神の姿であらわされることもあり、この場合は、太陽は夕方になると天の女神ヌトの口に入り、夜のあいだは彼女の身体のなかを通って、翌朝に生まれるものともされていました。

しばしばヌト女神は墓の天井画、棺のふたの裏あるいは底に描かれています。これらは死者がヌト女神に抱かれ、太陽神とともに復活することを

願ってのことでした。

さらに、あるときは天が「天の牝ウシ」の姿であらわされることもありました。この場合は太陽は子ウシの姿であらわされました。

こうした世界観は、時代によっても、地域によっても異なりました。ときには、それらがさまざまに入り交じり、組み合わされ、時代が下るにしたがって、その表現も数多く見られるようになっていきます。

ナイルの増水のサイクル

ナイルにアスワン・ダムが完成したのは1902年、そして1970年にアスワン・ハイ・ダムが完成しました。これらのダムによって、エジプトの自然が大きく変わってきました。

もっとも大きな変化がナイルの増水のサイクルです。

19世紀までのナイルは、毎年、6月末頃からしだいに増水をはじめ、10月終わり頃までエジプト国内のナイル沿岸の耕地を冠水させていました。

ナイル沿岸の耕作地 今日、増水の現象はほとんど見られなくなりましたが、この写真を撮った9月は、かつての増水の時期にあたり、耕作地とナイルの水面がほぼ同じくらいにあります。堤もなく、かつて、アケト（増水）季にナイルの増水を受け入れていたようすが偲ばれます。

19世紀終わり頃、ナイルの増水季のギザ

　「冠水」という言葉にすると、日本に暮らす私たちは、台風や豪雨で短時間に川が増水し、堤防が決壊して水が町中にあふれ、被害にあうという印象がありますが、ナイルの増水による「冠水」はようすが違います。
　ナイルの定期的な増水は、青ナイルの源流があるエチオピア高原の雨期によって起こっています。ただし、そこから下流域のエジプトまでは数千kmもあるために、エジプトでは非常にゆっくりと増水していくのでした。9月に増水のピークをむかえたようですが、そのときの水位はもっとも低いときよりも7～8mも増えたのです。
　しかしこの水位の変動があっても、増水は太古から続く毎年の現象なので、人びとは家屋などの場所を選んで建てていました。増水に対する備えができていた人びとにとって、耕地が冠水することはよいことでした。古代には、増水がはじまるとナイルをはじめとする自然の恵みに感謝する祭りがおこなわれていたことからもわかります。
　ナイルは数千kmの距離を流れてくるうち、流域にある養分たっぷりの泥

(ナイル・シルト)を運んできます。6ページの図にもあるように、ナイルはエジプトに入ると高低差が小さくなって流れがゆるやかになり、今度はそうした泥を沈殿させました。そのかわりに農耕によって生じた土中の塩分を溶かし去り、耕地を浄化する働きもしていたのです。つまりナイルは、本当なら人がおこなわなければならない農地の土壌改良を、毎年おこなってくれていたわけです。

また、耕地が冠水している間は多くの農民は農作業がありません。そこで国としては、この間を、大きな土木事業の集中工事期間としていたのでした。農民たちも農閑期に収入（食糧をはじめとした生活物資）を得ることができるというので、公共事業には積極的に参加したのです。

さらに増水は、助力をさずけてくれていました。ピラミッドをはじめ、神殿など多くの石造建造物は、冠水をさけて、耕地との境に近い沙漠に建てられています。しかし冠水している間は、そのすぐそばまで重い石材を舟で運ぶことができたため、労力の軽減にもなっていたのです。

ナイルと天文現象

エジプトでは、これまで見てきたように、ナイルの恩恵がいくつも重なって文明が栄えました。ナイルの水位の増減は、太古から人びとの生活のリズムとなっていたのです。いつの頃か、そのナイルのリズムを天文観測を通じて、天文現象と結びつけて予測できることを知り、統一王朝がおこると間もなく、エジプト全土を管理するシステムのひとつとしてカレンダーがつくられました。

太古から、人は日々の変化を知る目安として月の満ち欠けに注目してきました。太陽が昼と夜を繰り返すたびに、その形を変える月を見て、お

ジェフティ（トト）神
クロトキ頭の姿、マントヒヒの姿であらわされます。
左：ケストナー博物館（ハノーファー）、
右：プトレマイオス朝時代、ルーヴル美術館 [E17496]

主な都市で見られる ヘリアカルライジング	
札　幌	7月31日頃
東　京	7月26日頃
名古屋	7月25日頃
大　阪	7月25日頃
福　岡	7月24日頃
鹿児島	7月22日頃
那　覇	7月19日頃
ルクソール	7月18日頃
アスワン	7月17日頃

※日の出30分前の薄明にシリウスが昇るのは、この日から7～8日後になります。また平地が基準になっていますので、地平線に山がある場合はさらに遅くなります。

のずと1ヵ月の日数とリズムはできていました。太古の人びとの自然に対する感覚は、今の私たちからは失われていますが、はるかに密接だったと考えていいでしょう。

月の変化とそのときの印象的な出来事は結びつけられ、記憶の糸口にされました。月のシンボルをいただいたクロトキあるいはマントヒヒの姿であらわされるジェフティ（トト）神が、時間、記録、知恵をつかさどるとして崇拝されていました。

ちなみに、天体の**月**のことは 〈イアフ〉、1ヵ月の**月**のことは 〈アベド〉です。**太陽**のことは 〈ラー〉とあらわし、**日数**をあらわすときは 〈スウ〉です。

1年のサイクルは、北半球の多くの地域で、1日の日照時間がもっとも短くて、南中高度も低い、冬至に注目しました。気温も低く、植物に勢いがなくなっているときです。しかし、この日を境にして、また日照時間は少しずつ長くなり、植物もあらたに芽吹く季節へと向かうので、人びとがこの日を越えることを楽しみにするようになったことは不思議なことではありません。

エジプトの西沙漠で発見されたストーン・サークルにも、冬至の日の特定の星の位置、日の出方向を示していると考えられる石の配列があったと報告する資料があります。

しかしやがて、ナイル流域で農耕が営まれるようになると、ナイルの増水のサイクルと穀物の播種、収穫時期が生活するうえで重要になってきました。そこで人びとは、ナイルが増水している期間を**アケト季（増水季）**〈アケト〉としました。そして増水季が終わって耕地に穀物の種を播く、その季節を**ペレト季（播種季）**〈ペレト〉、その後、穀物を収穫する季節、**シェムウ季（収穫季）**を 〈シェムウ〉とよびました。

注目すべきは、ナイルの増水季のはじまりです。人びとは、これも天文観測の経験から、全天の星々のなかでももっとも明るく輝くシリウスが、夜

第1章 自然風土のめぐみ

明け直前の東の空にあらわれるようになるとナイルの増水がはじまることに気がついたのです。そしてその現象をもとにカレンダーを定めました。おそらくそれは、前3000～2680年までの間に、最初の首都メンフィスでおこなわれたのではないかといわれています。

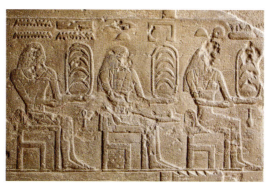

季節の守護神たち　右からアケト、ペレト、シェムゥで、それぞれ4ヵ月ずつをつかさどっているようすがあらわされています。
古王国時代第6王朝、前2300年頃、メレルカのマスタバ（サッカラ）

　現代のカレンダーでは、メンフィスでは7月21日頃に、シリウスと太陽がほぼ同じ時刻に昇るヘリアカルライジングがおこります。ただし、太陽と同時では、太陽光線の明るさでシリウスを見ることはできません。実際にそのようすを観測できるのは、シリウスが日の出の約30分前の薄明のなかで輝く、7月28日頃になります。

　シリウスは、西欧ではその鋭い輝きがイヌの眼にたとえられて不吉の前兆とされ、中国ではオオカミの眼のように鋭く輝く星ということで「天狼星」とあらわされました。しかし古代エジプトでは、ナイルの増水をもたらすイシス女神（増水によって穀物の象徴である夫のオシリス神が復活すると考えられた）と結びつけられ、このシリウスがあらわれた日には祝祭がもよおされたのでした。**シリウス**は 𓇼〈セペデト（ソプデト）〉です。この語から派生したと考えられるものに、𓋴𓊪𓂧𓌪〈セペド〉**鋭い**、𓋴𓊪𓂧𓌪𓁷〈セペド・ヘル〉**注意深い、機敏な**などがあります。**ヘリアカルライジング**は、シリウスが進行することをあらわし、𓉐𓂋𓏏𓇼〈ペレト　セペデト〉です。

　ちなみに、シリウスは、冬の星座のなかでもっとも印象的なオリオン座の三つ星から左に延長線を伸ばしたところに見つかります。地平線からオリオン座が昇ると、それに導かれるようにシリウスが昇ってくるのです。古代エジプトの壁画などでは、擬人化されたオリオン座がシリウスを導くように振り向く姿勢であらわされています（次ページ）が、そうした天文現象をあら

第 1 章　自然風土のめぐみ

シリウス　　　オリオン座

サァフ（オリオン座）とセベデト（シリウス）
ヘリアカルライジングのときのオリオン座の三つ星が縦に並んでいることがあらわされている、最古の表現です。その三つ星を延ばした先にシリウスが現れることも、実際の天文と重ねるとよくわかります。壁画で、オリオン座の右の卵形のものはプレアデス星団（すばる）だと思われます。
新王国時代第 18 王朝、前 1480 年頃、センエンムトの墓（ルクソール西岸）

ヘリアカルライジング間もなくのセベデト（シリウス）
サァフ（オリオン座）が導くようにして薄明の空に昇ってきます。
2015 年 8 月 15 日、乗鞍岳にて。　　©AKIKO MATSUMOTO

> **数字の表記について**
> 1～9までは主に次のように表わします（一目でわかるように）。
> 1 = |　2 = ||　3 = |||　4 = ||||　5 = |||||　6 = ||||||　7 = |||||||　8 = ||||||||　9 = |||||||||
> 十の位は ∩　百の位は ၆　千の位は 𓆼　万の位は 𓂭　十万の位は 𓂀
> そして百万は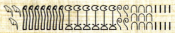
>
> 10万、100万という数になると「無数」「無限」という意味で使われることがほとんどです。そして「ゼロ」をあらわす文字はなかったので、数は、これら位をあらわす文字を必要なだけ書く必要がありました。
> たとえば、376498は次のようにあらわします。

わしていて、今は忘れられてしまった神話があったのかもしれませんね。**オリオン座**は 𓊃𓄿𓉔𓅆〈サァフ〉といいます。

シリウス・ナイル暦

　古代エジプトでは、シリウスの出現から、次に同じ現象が見られるまでの日数を数えて、それが365日であることも知りました。メソポタミア地方が太陰暦であるのに対してエジプトが太陽暦とされるのは、ナイルとシリウスのサイクルを太陽の日数で数えたからだったのです。そういう意味では「シリウス・ナイル暦」と言うほうが正しいのかもしれません。

　エジプトのカレンダーでは、シリウスの出現した日が新年、アケト季のはじまりとされました。1ヵ月は新月から新月までの30日間で、1年は4ヵ月ずつ3季節の12ヵ月。それに、どの月にも属さない、神々が再生する神聖な5日を合わせて365日とし、1年というわけです。

　その観測によって、アケト季の1月～4月は現在の7月下旬～11月下旬、ペレト季の1月～4月は現在の11月下旬～3月下旬、シェムウ季の1月～4月は現在の3月下旬～7月下旬となります。

　前1250年頃、新王国時代第19王朝のラメセス2世時代のものと思われる民衆暦（デイル・アル＝マディーナ出土、「カイロ・カレンダー」とよばれています）には、12ヵ月に入らない5日間については、第1日目にオシリス神、

第1章　自然風土のめぐみ

神殿に刻まれた行事カレンダー　右端、上から6つ目の枠は、アケト季第3月1日の日付が記されています。その上は第2月30日の締め日です。それぞれの神殿で月次祭など、さまざまな儀式が決められており、変わらない日程のものはこうして神殿の壁にきざまれていました。
プトレマイオス朝時代、コム・オンボ神殿

2日目にホルス神、3日目にセト神、4日目にイシス女神、そして最終日である5日目にネフティス女神が誕生すると記されています。さらに面白いことに、その暦には日本の大安吉日のように吉日と凶日が定められ、人々の日常生活のなかでの約束事が記されているのです。たとえば「この日は川に出てはいけない」「この日は夜間外出禁」「一日仕事をしない」……という具合です。

　ところで、現在、私たちがもちいているカレンダーには、地球が太陽のまわりをめぐる公転の周期は約365.25日であるために、4年ごとに閏年(うるうどし)がもうけられ、さらに厳密には400年間に3度は閏年をもうけないようにして実際の太陽の周期とカレンダーがずれないように調整されています。

　しかし、古代エジプトではこの調整がなされていませんでした。ですから4年に1日、40年で10日、120年で30日＝1ヵ月というようにしだい

に実際の季節、自然現象とずれが生じることになってしまったのです。人の一生を考えるとこれくらいのずれはわずかな自然の変調ぐらいにしか感じられなかったのでしょうが、暦と実際の季節がまったく合わない時代が何年も続きました。記録では、単純に365日×4年＝（およそ）1460年後になって再びカレンダーどおりにシリウスが東の空にあらわれる日をむかえることになったのです。

　記録によるとカレンダーどおりにシリウスが昇った現象は、ローマ時代の紀元139年に観測されていますから、単純に逆算して前1314年前後、前2768年前後ということになり、カレンダーがつくられたと考えられる初期王朝時代（前3000年〜2575年頃）と一致するのです。

　しかしカレンダーがずれようと、ナイルのサイクルをもとにした生活が基本でしたから、夏になるとナイルの水位と天文観測に重点がおかれ、「今年のシリウスは○月△日に現れ、増水がはじまる」という観測官からの発表がおこなわれ、祝祭がもよおされていたようです。

　その観測施設にナイロメーターがありました。ナイルの増水も自然の雨による増水であったために、早まることもあれば、遅れることもあったのです。また上流のエチオピア高原に降る雨量も水位に大きく影響しました。例年よりも雨量が多ければ水害にみまわれることもあったでしょうし、少ないときには旱魃になり深刻な飢饉におちいるのでした。そのために、シリウスの観測とナイルの水位の測定は、エジプトではとても重要だったのです。

　事実、ナイルの水位の観測は、ナイルにダムが築かれる19世紀の終わりまで続けられていました。ナイロ・メーターも、主要な都市の河岸や中州、神殿などに設けられていました。

1日は24時間で時計も

　1日が昼の12時間と夜の12時間からなる24時間としたのは古代エジプト人でした。それには、やはり天文観測が大きく影響していました。

　1年を12ヵ月（1ヵ月は30日）に分け、360日としたわけですが、日の出前の東の空にあらわれるシリウスの出現に注目していた彼らは、日の出前

第1章　自然風土のめぐみ

の東の空に順次あらわれる星（太陽の通る黄道の南）を観測し、それらを1年間に36の星座（10日ずつ見える）のグループに分けたのでした。その星のグループのことを「デカン」といいます。この36のデカンが太陽の黄道にならんでいるわけですから、昼と夜の長さが同じ春分の日、秋分の日には、夜に36デカンの半分、18デカンの星座が見られるというわけです。

しかし実際には、日の出直前、日の入り直後は空が明るく、春分の日、秋分の日では15デカンほど、シリウスが出現する夏には、昼の時間のほうが長いので、完全な形で観測できるデカンは12ほどと少なくなります。彼らは、この12のデカンで夜の時間を12に分け、それに対して昼間も12に分けたことから、1日が24時間に分けられたようです。

ナイロ・メーター
エレファンティネ島、クヌム神殿（アスワン）

また別の説では、デカンの考え方がおこったメソポタミア地方では60進法だったから12に分けたのではないかとも言われています。片手の親指で、人さし指から小指までの関節を数えると12、その繰り返しをもう片方の手の指で5回まで数えられるので60というわけです。

ともかく、ルクソール西岸の王家の谷にある王墓には、太陽が西方に沈み、来世に復活するまでの行程（夜の太陽のイメージ）が、冥界の書などで12の行程（12時間）に分けられ、図にされている壁画を見ることができます。

夜と昼がそれぞれ12時間に分けられるようになると、今度はそれを計るための道具、時計も考案されました。

昼間の時間の計測には、太陽の動きによって影の長さ、位置が変わること

星時計

- a：右の肩：ヘル・カァフ・ウェネミィ
- b：右の耳：ヘル・メセジェル・ウェネミィ
- c：右の眼：ヘル・イレト・ウェネミィ
- d：中　心：(エ) ル・アカァ・イブ
- e：左の眼：ヘル・イレト・イアビィ
- f：左の耳：ヘル・メセジェル・イアビィ
- g：左の肩：ヘル・カァフ・イアビィ

ラメセス6世の王墓の天井に描かれている天文観測官
下の表は、右の写真の線画です。
新王国時代第20王朝、前1150年頃、王家の谷(ルクソール西岸)

a	b	c	d	e	f	g	
			✶				夜の始まり
			✶				1時間目
				✶			2時間目
				✶			3時間目
			✶				4時間目
					✶		5時間目
					✶		6時間目
		✶					7時間目
		✶					8時間目
		✶					9時間目
	✶						10時間目
	✶						11時間目
		✶					12時間目

アケト季第4月16日の星時計　5時間目にシリウスを左の肩の上で観測していることが記録されています。4時間目に、今日のオリオン座の星サァフの名前が見られます。

株式会社 弥呂久 出版物のご案内

図説　古代エジプト誌

古代エジプト
永遠の美術

著者：松本 弥

待望のカラー化！
古代エジプト人達のバランスや色彩に対する
こだわりや、独特な表現の何故を解き明かします！
筆者本人撮影の貴重な写真満載！

1996年の発売より、ながく親しまれてきた
『古代エジプト美術手帳』、待望のオールカラー化！
古代エジプト人達のこだわりと、それを支えてきた彼らの技術を解き明かし、彼らの目から観た世界を一緒に体験しませんか。

今回新たに、壁や天井に施された美しい連続模様なども豊富なカラー写真を追加しました。
イラストを描くときのお供にも！

[仕様] A5判
※全ページ
　　　フルカラー※
304ページ
4,000円＋税

好評発売中！

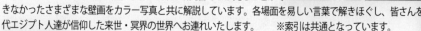

図説 古代エジプト誌
『神々と旅する来世 冥界』前編・後編
　　松本 弥著　A5 判、前編：144 ページ、税別 2200 円
　　　　　　　　　　後編：128 ページ、税別 2000 円

　初公開のカラー写真満載の魅力的な 2 冊組み！『死者の書』だけでなく、『アム・ドゥアト』や『門の書』など、欧米の研究書でしか見ることができなかったさまざまな壁画をカラー写真と共に解説しています。各場面を易しい言葉で解きほぐし、皆さんを代エジプト人達が信仰した来世・冥界の世界へお連れいたします。　　　※索引は共通となっています。

図説 古代エジプト誌
『ヒエログリフ文字手帳〜自然風土のめぐみ編』
　　松本 弥著　A5 判、152 ページ、税別 2000 円

　豊富なカラー図版と、実際のヒエログリフから、主に自然風土に関わる単語とその成り立を紐解く一冊です。めんどうな文法はさておき、古代エジプト人達が見ていた世界をのぞいみませんか。カラーページも 144 ページと豊富です。

図説 古代エジプト誌
『ヒエログリフ文字手帳〜人びとの暮らし・生活編』
　　松本 弥著　A5 判、192 ページ、税別 2200 円

　豊富なカラー図版と、実際のヒエログリフから、主に人びととその生活に関わる単語とその成り立ちを紐解く一冊です。めんどうな文法はさておき、古代エジプト人達が見ていた世界をのぞいてみませんか。カラーページも 176 ページと豊富です。

『古代エジプトの動物 要語の語源つれづれ』
　　長谷川 蹇著　A5 判、400 ページ、税別 3400 円

　本書は、すべからく原典にあたること、資料・データを整え、原点にもどってきえ直してみることの大切さを問うものです。
古代エジプトの人びとが親しんできた動物について、現在、どのような資料が残されているのか、実に丁寧に整理されています。「正しいことを知る」という努力にこうすべきなのだと教えられます。

古代エジプト象形文字
『Let's Try! ヒエログリフ』
　　松本 弥著　A5 判、144 ページ、税別 1900 円

　豊富なカラー図版と、実際の遺跡にきざまれた簡単なヒエログリフの読解例を盛り込んだ実用入門書です。めんどうな文法はさておき、ヒエログリフの読み書きを楽しんでみませんか

株式会社 弥呂久 新刊のご案内

古代エジプト遺跡探訪

カルナク神殿 / ルクソール神殿

著者：松本 弥

B5版、写真でエジプトの遺跡を紹介する新シリーズ！
古代エジプト・ファン必携！
ここまでの写真資料は弥呂久ならでは！

世界遺産「古代都市テーベとその墓地遺跡」のテーベ（ルクソール）にあるカルナク神殿とルクソール神殿。

2022年に、この二つの神殿を結ぶ古代の参道が修復され、往時の姿が復元されました。

およそ2000年にわたって増改築が繰り返されてきたため、構造は複雑になっており、観光で訪れただけでは容易に把握できるものではありません。

神殿がどのように拡大してきたか、という点に重きを置き、紙幅が許す限りの写真と図版で紹介いたします！

遺跡やヒエログリフを理解した筆者ならではの視点、本質を捉えた写真でこれらの遺跡を解き明かしていきます。

[仕様] **B5判**
※**全ページ**
フルカラー※
208ページ
4,000円＋税

好評発売中！

増補新版『古代エジプトの神々』
松本 弥著　A5版、136ページ、税別2000円

著者自身が撮影した写真資料満載の大変美しい本になっております。カラーページが128ページと大幅に増え、より鮮明に古代エジプトの信仰や神々の捉え方を映し出しています。掲載されている神々も以前にも増して充実しています。
それぞれの神の名前のヒエログリフ表記はもちろん、定評のある平易で分かりやすい文で丁寧な解説です。これまで出版されてきた神々の本では滅多に見られない貴重な写真資料もたくさんあり、古代エジプトの神々を知る上で定番となることでしょう。

『写真は伝え、切手が物語る エジプト』
松本 弥著　A5版、200ページ、税別2500円

エジプトと関連諸国で発行された切手と発行日の消印入りの封筒375枚と、著者が撮影した写真をリンクさせて、古代から現代までのエジプトの歴史を解説する世界初の試みです。現地エジプトで印刷・出版、販売していましたが、好評につき日本でも販売を始めました。カラーも184ページと見応えがあります。

『古代エジプトのファラオ』
松本 弥著　A5判、344ページ、税別2800円

古代エジプト文明の主役、ファラオ達の足跡、エピソードを豊富な図版を用いて紹介いたします。その上、王名はすべて鮮明なヒエログリフであらわし、その意味も掲載しています。　古代エジプトの歴史をこれほどわかりやすく紹介したものは本書がはじめてです。

図説 古代エジプト誌
『黄金の国から来たファラオ』
松本 弥著　A5判、144ページ、税別2000円

NHK大型企画番組『異端の王／ブラック・ファラオ』！その取材ノートをもとに、古代エジプト、ヌビアの王たちの歴史に焦点を当てた本邦初の本！現地取材で著者自身が撮影した200点もの本邦初公開のカラー写真、壁画や石碑などでキーワードになっているヒエログリフも活字で書き出して、わかりやすく解説！

古代エジプト文字への招待
『ヒエログリフ入門』
吉成 薫著　A5判、税別1942円 ※Amazonにてオン・デマンド版で販売中

日本ではじめてのヒエログリフ入門書です。練習問題、読解例、簡単な辞書も充実、楽しみながらステップアップできます。発売以来、多くの方にご利用いただいております。

NHK文化センター青山教室・講座のご案内
古代エジプト人の世界

2024年4月より、本講座はハイブリッド型となり、全国どこからでもご参加いただけるようになります！

古代史というと変わらないものと思われがちですが、発掘・発見の積み重ねで、古代エジプトの歴史も、その発祥から認識をあらためることが必要になってきました。人類文明発祥の原点として世界中で注目されている古代エジプトの歴史・文化を学びつつ、温故知新・人の営みをかえりみることができればと思っております。展覧会や遺跡で目にする象形文字・ヒエログリフも、意味を取ることができるようになるようご紹介してまいります。ヒエログリフ資料や講師撮影の豊富な写真でわかりやすく解説します。ご一緒に歴史ロマンのひとときを楽しみませんか。

講座は一ヶ月に1度ですが、途中から参加しても大丈夫な内容となっています。4月からは「古代エジプト人の世界」をテーマとした講座を予定しています。お気軽にご参加ください。

講座の予約などはインターネットと電話でできます。
詳しい内容の案内をご希望の方はメールか郵便にてご連絡先をお教えください。

みんなで
楽しく
学びましょう！

NHK文化センター青山教室
https://www.nhk-cul.co.jp/programs/program_439636.html
電話番号 03-3475-1151
東京都港区南青山 1-1-1
新青山ビル西館 4 F

NHK文化センター講師（青山）
郵船クルーズ「飛鳥Ⅰ」「飛鳥Ⅱ」
世界一周クルーズ講師（2005～2015）

◆ 直接販売のご案内 ◆

小社の本が入手困難な方は直接ご連絡ください。郵便局に備え付けの振込用紙にて、書籍代金（税込価格）合計に冊数に関わらず送料・手数料 300 円を加算し、書名・冊数を明記の上、ご送金ください。郵便局から連絡あり次第、早急に発送させていただきます。

口座番号：00100-0-566038
加入者名： 株式会社　弥呂久

〒162-0801
東京都 新宿区 山吹町 315　初雁ビル 3 F
TEL: 03-3268-3536 ／ FAX: 03-3268-3518

HPへは
QRコードからもどうぞ！

ホームページが新設されました！
http://yarokubooks.jimdo.com

※ＨＰからは各種クレジットカードでの決済も可能です※

a b c d e f g

南天の星々 右下で太陽が地平線に沈んで、それからあらわれる星々が36のグループ（デカン）に分けて書かれています。左端の女性はイシス女神ですが、その上にシリウスのヒエログリフが記されています。その前には彼女に振り向くサァフ（オリオン座）が、その2つ先のブロックのなかにプレアデス星団とされる星の環も見えます。　新王国時代第19王朝、前1290年頃、セティ1世王墓（ルクソール西岸）

に気づき、日時計がもちいられました。

　夜の時間の計測には、第18王朝初期の天文学者アメンエムハトが水時計を発明したと伝えられています。アメンヘテプ3世の時代につくられたもので、内側は縦に12の月に分けられ、横に12時間分の目盛りがうたれていました。12の月に分けられているのは、季節によって夜の時間の全体の長さが変わるので、月ごとに時間の目盛りの幅を変えることで夜を12分割していたのです。

　現在のように正確に時間を計るというよりは、再生復活を繰り返す太陽、その太陽とともにある死者の状態を想うために、太陽が天にある昼、地下の冥界を移動する夜、それぞれをいかにして12の均等な時間に分割できるかというところに目的があったのでしょう。

　時間にかかわる言葉には、葉をむしりとったナツメヤシの葉柄のヒエログリフがあてられました。この葉柄は王朝以前から、毎年刻み目をつけて年数を記録する道具としてもちいられてきました。文字が発明される以前は、その刻みを見て、記憶を呼び起こしていたのでしょう。文字が発明されてからは、葉柄を記録の道具にすることはなくなりましたが、時間、記録の象徴として意識され続けたのでした。

第 1 章　自然風土のめぐみ

据え置き型の日時計　放射状の線の元に棒が差し込まれ、その影が落ちるところの目盛を読みました。　ルーヴル美術館 [E11738]

アメンヘテプ3世の水時計　外側には南天の星々、デカンがきざまれています。中央下やや右側に水の出口があります。　新王国時代第18王朝、前1400年頃、カイロ・エジプト博物館 [JE37525]

アメンヘテプ3世の日時計　右端には女性の姿のシリウスが彫られています。
新王国時代第18王朝、前1400年頃、ルーヴル美術館 [N781]

　この文字はナツメヤシの葉茎で、古くには年代、歴史、記憶を確かなものにするための道具でした。時間に関係するので「若い」をイメージさせ、〈レンピィ〉**若い**などの語があります。また〈レンプ〉と読み、〈レンペト〉**年**をあらわします。また というように、「口」の文字が下について 〈テル〉**時期**、**時間**という意味になります。

　ちなみに、古代エジプト人の年数の数え方は西暦のように数字を重ねていくのではなく、私たち日本人がもちいる明治、大正、昭和、平成などのように、ファラオの代が改まったときから「〜王の治世第〇年〇季〇月〇日」とします。

レンペト杖をもつ女性　女性はハゲワシの女神ネクベト (p.80) の頭飾りを身につけています。
中王国時代第12王朝、前1950年頃、カルナク神殿（ルクソール）

日付を書いてみましょう

古代エジプト人の年数の数え方は西暦のように、数字を重ねていくのではなく、私たち日本人がもちいる明治、大正、昭和、平成などのように、ファラオの代がかわったときから「××王の治世第〇年〇月〇日」というように数えられていました。

年＝ 🕊️◦　レンペト・セプ

月＝ ●　アベド　🌟◯ の省略した形

日＝ ☉　スウ　〜〜〜◯ の省略した形

ちなみに、**月の終わり（晦日、30 日）**は、数字を用いないで特別な表わし方をしました。

🕊️ アレキィ（または 🕊️〜〜〜◯、〜〜〜◯、🕊️◯などとも表わします）

このヒエログリフの表記を今に応用するなら次のようにしてはいかがでしょう。

西暦 2016 年 12 月 19 日の場合は次のようになります。

🕊️◦〜〜〜〜〜〜〜☉〜〜 レンペト 2016、アベド 12、スウ 19（9 は☉とも書きます）

国土と自然環境

ナイルの増水が終わった耕地 🕊️▲◯〈ケメト〉黒い土地が**エジプト**の国土そのものをあらわすのとは別に、━🚩〜〈タァ・メリィ〉もあります。

━ これは**土地**をあらわす文字〈タァ〉ですから、🚩〈メリィ〉には**愛する、欲する**という意味があるので「愛すべき大地」というニュアンスでしょう。

これに対して**沙漠**は ◦◦◦🕊️〜〈デシェレト〉でしたね。不毛の沙漠は死者を葬る場所とされ、死者の世界、あるいは死者が来世で復活するために通らなければならないものでした。冥界をイメージした壁画では、かならず沙漠があらわされています。

⌒⌒⌒ 沙漠地帯をあらわす文字です。これは砂山ではありません。ナイル沿岸の沙漠は、樹木が生えていないだけで土は固くしまり、車で走れます。場所によってはゴツゴツした岩がころがり、歩くのもつらい場所です。人が住めない場所はエジプトではないということでしょう、この文字は**外国**を意味するときにも使われます。⌒⌒〈カセト〉といいます。

別に、沙漠の山は ⌒ という表意文字があり、⌒⌒、⌒🕊️━〈ジュウ〉とあらわします。

かつてのエジプト国内にはパピルスやアシが生えた**湿地帯**、**沼地**もナイル

中部エジプトの河岸段丘

周辺のいたるところで見ることができました。〈セケト〉、〈シャア〉の文字がこうした土地をあらわす語としてもちいられました。また湖や沼をあらわす語は〈シュ〉と書きます。

　丘は坂道の文字をもちいて、〈カアア〉とあらわします。人造の塚、土手、堤には木が植えられたのでしょうか、の文字を使い、〈イアト〉とあらわします。

　道は真上からみたように描かれていますが、道の両側の潅木は横からみたようにあらわされているのです。位置や距離の意味を決定するはたらきも加えられました。

上空から見た河岸段丘とワディ（涸れ川）

〈メチェン〉道、〈アア〉ここ、〈ディ〉あそこ、〈ウア〉遠いなどの語があります。ちなみに〜から近いは〈ル・ア〉、〜の近くは〈アルウ〉です。

エジプトの主要な都市には灌漑用に掘られた水路も整備されていました。この水路の文字は、〈メル〉運河、水路、ナイルの神ハピ（p.11, 138）などの表記にもちいられます。また鍬 の文字と同じ発音をするために、しばしば**愛する**の別の表記として と書かれます。王名に**アメン神が愛する、アメン神に愛されしもの**を意味するときに と書かれたり、 と書かれているのはこのためです。

土地をあらわす文字 〈タァ〉を2つ重ねて書き、 〈タァウィ〉と読みます。これは上エジプトと下エジプトのことで、つまり**上下エジプト＝エジプト全土**を意味します。この2つの異なる環境の土地は、王朝がはじまる以前、人々の間で強く意識されるものだったのでしょう。この両地域を治めることが国家統一であると考えられたため、その主役である王にかかわる遺物の多くに、これら両地域のシンボルが組み合わされ、「統一」「国家の安定」をあらわされています（p.138）。

統一国家がおこったとき、両国の境目であるメンフィスに首都をおいたのも、それぞれの土地からの情報や物資を集めやすく、アジアへの交通の基点でもあったからでしょう。現在ではこのメンフィスからわずか北のカイロに国家の中心は移っていますが、このあたりは、地図からもわかるようにまさに「扇のかなめ」、要衝の地です。

ノモス（州）と町

国家が統一されて、政治をおこなう体制が整えられていきました。行政も上エジプト、下エジプトの両地域に大別され、さらにノモス（州）の単位に分割されておこなわれました。日本でも都道府県の単位で地方行政がおこなわれているのと同じようなものと考えていいでしょう。

初期王朝時代には全体で36州であったものが、前2480年頃の古王国時代第5王朝には上エジプトの22州が確定し、前1100年頃の新王国時代

ナイル沿岸の湿地

末期には下エジプトの 20 州がほぼ確定し、42 州となりました。

　ノモスには役所、市場がおかれ、その多くが王朝時代になって地方都市へと発展していきました。ヒエログロフでは**ノモス**は灌漑用の水路が細かに走る土地をあらわす文字がもちいられ、〈セパァト〉とあらわされました。それがプトレマイオス朝時代に、ギリシア語で「ノモス」とよばれるようになったのです。灌漑用の水路は管理をおこたると砂がたまり、水路の用をなさなくなってしまいます。ノモスの耕地は、きちんと役所による管理が行き届いた土地であるということですね。

　ノモスのなかにある**町**は〈ニウト〉とあらわします。という文字は町を上から見たかのようにあらわしたものです。○の部分は城壁です。古代の町は防衛のために日干しレンガの城壁で固まれていたことに由来しています。○の中の×は道路が交差しているようすをあらわしたものといわれています。

　国境のことは〈タアシュ〉とあらわされました。安定しない国境とは別に、**限界、（世界の）最果て**というイメージでは〈ジェルウ〉とあらわしました。

下エジプトのノモスと守護神

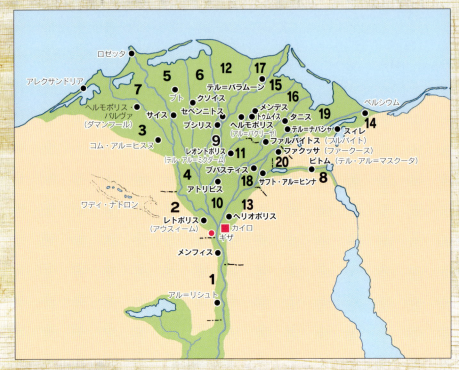

 第1州：メンフィス地方／ミート・ラヒーナ（メンフィス）、アル＝リシュト
名称：イネブ・ヘジュ「白い壁」
神：プタハ、ソカル、アピス

 第2州：デルタ南西部／アウスィーム（レトポリス）
名称：ケペシュ（イウア）「前足」
神：ホルス

 第3州：デルタ西部／コム・アル＝ヒスヌ、ダマンフール（ヘルモポリス・パルヴァ）
名称：アメンテト「西」
神：ハトホル

 第4州：デルタ南西部
名称：ネレト・レスウト「南の盾」
神：ネイト

 第5州：デルタ中部から地中海沿岸西部にかけて／テル・アル＝ファライーン（ブト）、サ・アル＝ハジャル（サイス）
名称：ネレト・メヘテト「北の盾」
神：ネイト

 第6州：デルタ中部から地中海沿岸にかけて／サカ（クソイス）
名称：カァスウ「山の牡ウシ」
神：ラー

 第7州：デルタ北西部
名称：フウイ・アメンティ「西の銛」
神：ハア（沙漠、オアシスを含む西方の守護神）

第8州：デルタ東部、ワディ・トゥミーラートからビター・レイクスに沿った地域／テル・アル＝マスクータ
名称：フウイ・イアビティ「東の銛」
神：アトゥム

第9州：デルタ中部／アブシール・バナ（ブシリス）
名称：アンジェティ
神：オシリス、アンジェティ（オシリスの古い形？）

第10州：デルタ南部／テル・アトゥリブ（アトリビス）
名称：ケム・ウル「黒い牡ウシ」
神：ホルス

第11州：デルタ中部／テル・アル＝ミクダーム（レオントポリス）
名称：ヘセブウ「はかる牡ウシ」
神：シュー、テフヌウト、ミホス

第12州：デルタ北部／サマンヌード（セベンニトス）
名称：チェブ・ネチェルウ「牝ウシと子ウシ」
神：オヌリス

第13州：デルタ南東部／テル・ヒスヌ（ヘリオポリス）
名称：ヘカ・アンジュウ「繁栄せし王権」
神：アトゥム、イウスアアス（スカラベを頭上にいただく女神）、ムネヴィス

第14州：デルタ北東部の国境地方／テル・アル＝ファラマー（ペルシウム）、テル・アブゥ・スィーファー（スィレ）
名称：ケンティ・イアビティ「東方の第一人者」
神：セト

第15州：デルタ北部／アル＝バクリーヤ（ヘルモポリス）
名称：ジェブティ「トキ」
神：トト

第16州：デルタ北東部／テル・アル＝ルバァ（メンデス）、トゥムイス
名称：ハアト・メヒイト「レピドタス魚」
神：バアネブジェデト（メンテスのバア）、ハアト・メヒイト（コイ科の魚レピドタスを頭上にいただく女神）

第17州：デルタ北東部／テル＝バラムーン
名称：セマア・ベヘデト「ベヘデトを統一するもの」
神：ホルス

第18州：デルタ南東部／テル・バスタ（ブバスティス）
名称：アム・ケンティ「南の王子」
神：バステト

第19州：デルタ北東部／サン・アル＝ハジャル（タニス）
名称：アム・ペフ「北の王子」
神：ウァジェト

第20州：デルタ東部／ファークース（ファクッサ）
名称：ソブドゥ「（羽飾りを頭上にいただく）ハヤブサ」
神：ソブドゥ（東部国境の守護神）

下エジプトの第5州の化身　肥えた（豊かな）姿で供物を届けに来ています。
ハトシェプスト女王の赤い祀堂、新王国時代第18王朝、前1480年頃、カルナク神殿野外博物館（ルクソール）

上エジプトのノモスと守護神

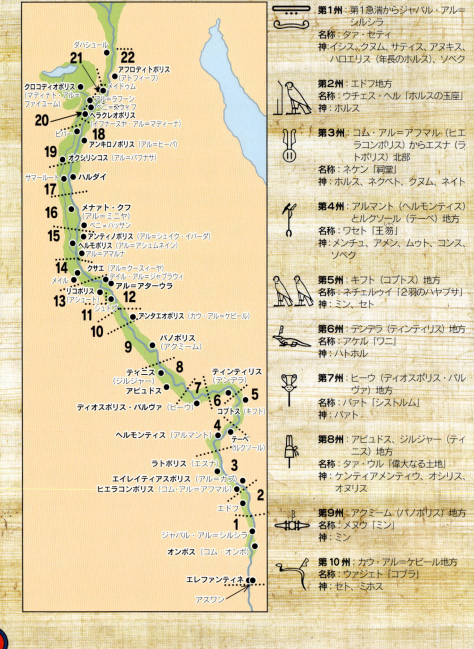

第11州：シュトプ地方のナイル西岸
名称：シャア「セト」
神：セト

第12州：アシュート（リコポリス）の
ナイル東岸、デイル・アル
＝ジャブラウィ地方
名称：アテフェト「毒蛇の山」
神：ネメティ（アンティ）

第13州：アシュート（リコポリス）地方
名称：ネジェフェト・ケネテト「北の
シカモア・イチジクと毒蛇」
神：ウプウアト、アヌビス

第14州：メイル（ミール）地方とアル
＝クースィーヤ（クサエ）
名称：ネジュヘト・ペヘテト「南のシカ
モア・イチジクと毒蛇」
神：ハトホル

第15州：アル＝アマルナ、アル＝アシュ
ムネイン（ヘルモポリス）、ア
ル＝シェイク・イバーダ（ア
ンティノポリス）地方
名称：ウネト「野ウサギ」
神：トト、オグドアド（八柱神）、アテン

第16州：ベニ＝ハッサンからアル＝ミ
ニア（メナアト・クフ）の北部
名称：マア・ヘジュ「オリックス」
神：クヌム、パケト「切り裂くもの」
という意味の牝ライオンの女神。
ベニ＝ハッサン近くの東沙漠付近
で信仰されていた）

第17州：サマールート地方
名称：アンプウト「ジャッカル」
神：アヌビス

第18州：アル＝ヒーバ（アンティノポ
リス）とアル＝ラフーンのナ
イル東岸地方
名称：ネメティ「アンティ」
神：ネメティ（アンティ）

第19州：アル＝バフナサ（オクシリン
コス）からビバーのナイル西
岸地域
名称：ウアブウイ「2本の王笏」
神：セト、聖魚オクシリンコス（モルミ
ルス科の魚）

第20州：ベニ・スウィフ地方のナイル
西岸
名称：ナアレト・ケンテト「南のシカモ
ア・イチジク」
神：ヘリシェフ（ヒツジの神）

第21州：メイドゥム地方のナイル西岸
名称：ナアレト・ペヘト「北のシカモア・
イチジク」
神：クヌム、神王スネフェル（第4王朝）

第22州：ナイル川東岸のアトゥフィー
フ（アフロディトポリス）か
らダハシュール地方
名称：メデニト「ナイフ」
神：ハトホル

上エジプトのノモスの標　センウセレト1世が王位更新祭（セド祭）をおこなうために設けた通称「白
い祀堂」には、周囲に上下エジプトのノモスの標、守護神などが記録されています。
中王国時代第12王朝、前1990年頃、カルナク神殿（ルクソール）

酸化鉄（弁柄、紅殻）と石膏の粘土層　西沙漠、エジプト

人びとのまわりにある色

　エジプトの風景のなかで、沙漠の赤、農耕地の黒のほかに、人びとにとってどのような色が印象的だったのでしょう。

　色という単語には〈イウン〉とあります。これには**人の肌の色**、**性格**という意味もあります。同じように色を意味する〈イレティウ〉も、**状態**、**性質**を意味します。

　古代エジプト人が色をあらわすときは「赤い布」「白い冠」など、その色が特徴的な何かと結びつけることが多かったようです。

　たとえば**赤**は〈デシェル〉で、**赤色**は〈イウン　デシェル〉です。下エジプト王のかぶる**赤冠**は〈デシェレト〉、**沙漠**、**炎**、**赤いウシ**もすべて同じく〈デシェレト〉と読んで、決定詞（漢字の部首のような役目をする文字）が変わるだけで異なるものを意味するようになります。同音異義語のような感じです。

　反対に同じ決定詞の場合は、発音が異なっても類語になりますから、ヒエログリフの単語は漢字と同じような仕組みだということですね。

　さて、古代エジプトの壁画で主要な色は、赤のほか、**黒**〈ケム〉、**白**〈ヘジュ〉、**黄色の顔料**は〈ケニイト〉、**緑**〈ウアジュ〉、**ラピスラズリ**〈ケセベジュ〉の**青**〈ケセベジュ〉でした。緑は植物の色、青はラピスラズリの青、濃紺を含み、空をイメージしていたようですね。そして黄は太陽光線、その太陽光線の輝きをイメージさせる黄金の

色としてもちいられました。

　沙漠や耕地を色名で表現したように、次にあげることも色と結びつけられているのです。

　「赤」は荒涼とした沙漠の印象があり、血や火などの色でもあることから気持ちの昂りとも関連づけられました。**激しく怒っている**状態は、私たちも「顔を真っ赤にして怒っている」というように、ヒエログリフでも 〈デシェル ヘル〉、または動悸が激しくなるので 〈デシェル イブ〉とあらわしていました。あるいは、その力強さのイメージから、イシス女神と結びつけられている生命の護符ティト（チェト）〈ティト〉はカーネリアン（紅玉髄）やレッド・ジャスパーなどの赤い石でつくられました。**ジャスパー**や**カーネリアン**は 〈メケンメト〉とあらわしていたようです。赤の顔料の原料は酸化鉄（弁柄、紅殻）が主で、ときに鶏冠石がもちいられました。酸化鉄は男性の肌色として、鶏冠石のほうは鮮やかな赤色に向いていたようです。赤でも**紫**、ブドウの絞り汁のような場合は 〈チェメス〉とよび分けられていたようです。

　〈ケム〉 の**黒**は肥えた耕地の色です。植物、生命を芽吹かせる色として、オシリス神など再生復活のイメージを強調した像などが黒で彩色されることがありました。

　反面、黒は闇の色でもありました。現在では街頭などが整備され、漆黒の

レッド・ジャスパー（赤碧玉）西沙漠、エジプト

護符ティト
エジプト美術博物館
（ミュンヘン）［ÄS554］

鶏冠石

カーネリアン
（紅玉髄）

ハント石

酸化鉄

雄黄（石黄）

孔雀石（マラカイト）

闇を経験することが少なくなりましたが、月の出ていない夜の暗さは目の前に自分の手をかざしても、それさえも見えないほどです。この暗闇を人びとは恐れ、冥界の色と関連づけ、アヌビス神をはじめとする死に関連する色とされました。誕生と死、両極端なイメージと結びつく色だったのですね。木炭を原料とする**黒い顔料**は〈ジャアベト〉、その**黒**は〈ジャアブ〉です。マンガン系の鉱物も黒の顔料に利用されていました

「白」は輝きの色です。日中のもっとも輝いている太陽光線のイメージだったのでしょう。ピラミッドは白い石灰岩の化粧石でおおわれ、光り輝いていました。また、無垢をイメージさせる白は神聖さ、清浄さ、清潔さと結びつき、特別視される色とされました。**石膏**〈カァジュ〉や、ハント石、石灰岩、アラバスター（雪華石膏）などの石粉が原料とされました。

「黄」はしばしば金の輝きに近い色とされ、金製品や神の肉体の色として彩色にもちいられました。また光に満ちたイメージで、墓の壁画の背景色としてもちいられることもありました。黄色を発色している酸化鉄の粘土、雄黄（または石黄、三硫化二砒素）が原料でした。ちなみに**金**は〈ネブウ〉です。

「緑」は植物の色、ナイルの増水がひいたあ

[右] ホルス神にワイン（イレプ）を捧げるホルエムヘブ
さまざまな色の顔料を巧みに使って、鮮やかな仕上がりになっています。広い墓室をそなえた数多くの墓、神殿には大量の顔料となる石材を要したことでしょう。
新王国時代第18王朝、前1330年頃、ホルエムヘブ王墓（ルクソール西岸）

ラピスラズリ　和名では瑠璃といいます。黄色に輝くものは黄鉄鉱です。

エジプシャン・ブルー（カルシウム銅ケイ酸塩）　カイロ、エジプト博物館

黄と白の顔料　土器片が顔料容器に利用されています。　ラメセウム、ルクソール

と最初に黒い土の上に芽生える色であり、生命、再生復活、若さ、繁茂（→繁栄、幸運、成功）などと関連づけられました。**恵まれた人物も**〈ウァジュ〉とあらわしました。緑の原料は**マラカイト（孔雀石）**〈ウアジュ〉です。

「青」は、古王国時代になって人為的に合成された顔料です。今日、**エジプシャン・ブルー**とよばれており、カルシウム銅ケイ酸塩です。シリカ（砂）と石灰、銅を850〜1000度ほどで溶かしたもので、最古の人工の顔料です。青はラピスラズリの魅力に取り憑かれた彼らが求めた色で、壁画などでも大量に必要としたことから、試行錯誤が繰り返され、その製法を確立したのでしょう。人工のラピスラズリということで〈ケセベド　イリィト〉とよばれていました。

次に**色とりどり**、**まだら**はまたは〈サァブ〉とあらわします。これなどはハヤブサの胸毛（白と茶）のまだら、ウシの模様のことです。

壁画では、私たちの目で見て茶色、ピンク、グレーなどがありますが、これらの色は、混ぜ方によって一定でない色とされていたのか、特別に名前がつけられてはいなかったようです。

第2章　自然のめぐみに祈る

1. 身近な動物

　古代エジプト文明の遺産で、とくに印象的なことのひとつに、頭が動物で身体が人の神々が多いことがありますね。美術的なデザインとしても、その表現に興味をもつ人は少なくありません。

　ウシだったり、ヤマイヌだったり、ヘビだったり、その種類はさまざまです。ただし、人びとがどういう理由で神として崇拝していたかは明らかになっていないので、その動物の神にどのような願いをかけていたかということから推し量るしかありません。おそらくは、その動物なりの性質、人の生活にとって有益なのか危険なのかなどが関係したらしいことは想像できます。しかし一方で、神にはされなかった動物もありますから、そこで人びとがどういう選び方をしたのかは謎として残されています。ちなみに神は 𓊹〈ネチェル〉、神々は 𓊹𓊹𓊹〈ネチェルウ〉です。

ほ乳類

　崇拝の対象とされた動物のなかで、もっとも古いもののひとつにウシがあります。19〜20ページにも記したように、人がウシを家畜とし、ときに死者とともに葬るなどの宗教儀式にももちいたのは、農耕がはじめられる以前からのことであり、すでに王朝時代には牡、牝、それぞれ別の形で神格化され、崇拝されていました。

ナルメル王のパレット（部分）
有用で力強い動物を代表するウシに支配者を重ねる、あるいは従わせることと権力を結びつけたのでした。牡ウシの姿であらわされた王が敵の城塞を破壊しています。　前3100年頃、カイロ・エジプト博物館 [JE32169]

牡ウシをあらわした文字です。その力強さは農耕、土木作業にはなくてはならないものですが、暴れると日干レンガの家などはひとたまりもないほど恐い一面もあります。国土を豊かにするための力であり、敵に向ければ脅威の力となることから、しばしば牡ウシは王と結びつけられまし

第 2 章　自然のめぐみに祈る

アピス
末期王朝時代、
ルーヴル美術館 [E3806]

アピスを拝む死者　尾の毛は 2 つに分れ、体毛は黒と白の 2 色。額には三角形、肩にはハゲワシが羽を広げた模様、そして脇腹には半月形の斑紋があるもの。さらに舌の下にはスカラベ形のふくらみがあるウシが聖獣に選ばれました。サッカラにあるセラピウムに収められていた石碑のひとつです。
第 3 中間期第 21 王朝、前 1000 年頃、ルーヴル美術館

た。また太陽神ラーの聖獣とされていた**ムネビス**（聖地はイウヌゥ）〈メルウェル〉、とくにケメト（黒い大地＝エジプト）と結びつけて**黒毛の牡ウシ**が好まれ、それは〈ケム・ウェル〉ともあらわされました。

　創造神であり、王権とかかわりのあった重要な神プタハの聖獣**アピス**（聖地はメンフィス）または〈ヘプウ〉、闘いの神メンチュウ神の聖獣**ブキス**（聖地はアルマント）〈バァク〉のように、有力な神の聖獣と

ムネビス
新王国時代第 19 王朝、紀元前 1200 年頃、ルーヴル美術館 [C292]

ブキス（左）　プトレマイオス 5 世がセケト（野、国土）の文字を捧げています。ブキスの上のハヤブサはメンチュウ神です。
プトレマイオス王朝、前 181 年（治世 25 年）、カイロ・エジプト博物館 [JE54313]

ハトホル女神 ウシの角と太陽円盤を組み合わせた頭飾りを身につけています。
新王国時代第19王朝、前1260年頃、ネフェルタリ王妃の墓（ルクソール西岸）

ヘサァト ホルスが顔を出す湿地にあって、聖布をまとった姿であらわされています。首にかけているのはビーズの首飾り（振り鳴らして鎮静の聖音を出す）メナト、背には下エジプトの権力者の象徴ネケクがあります。
新王国時代第19王朝、前1250年頃、イリネフェルの墓（ルクソール西岸）

しても崇拝されていました。

牡ウシは〈カァ〉、角が長いウシ、(去勢された)牡ウシは〈ネガァウ〉、または〈イウア〉、角が短いウシの群〈ウェンジュウ〉、ウシの群〈メンメント〉などの単語があります。

神聖な**ヘサァト**をあらわした牝ウシの文字です。牝ウシはいくつかの有力な女神を象徴する神聖な動物とされました。天の女神ヌト、豊饒の神ハトホルの化身として、また末期王朝時代にはホルス神の母、イシス女神とも同一視されました。これらはひとえに、牝ウシは乳を出す「母」

トゥトアンクアメンとハトホル女神
明日の再生に向かう方向であるアメント（西）のしるしをいただいています。
新王国時代第18王朝、前1340年頃、トゥトアンクアメン王墓（ルクソール西岸）

というイメージからです。

牝ウシは〈イヘト〉、〈ケメト〉とあらわします。

第 2 章　自然のめぐみに祈る

　牝ウシの神でもっとも重要なのが**ハトホル女神**でした。〈フウト・ヘル〉と書きあらわされましたが、神殿をあらわす囲いの中にハヤブサ（ホルス）が書かれ、「ホルスの家」という意味です。ときにホルスは王、または王権と考えられましたから、そうなるとハトホルは王権を守護する女神とも信じられたのでしょう。

　角の間に太陽円盤をいただく牝ウシ、あるいは太陽円盤とウシの角を頭上にいただく女性の姿であらわされています。ワセト（ルクソール）においてナイル西岸の沙漠（墓域）の守護神とされ、死者を迎え入れ、守護するものとして信仰されていました。しばしば墓の壁画では、頭上に「西」をあらわすヒエログリフをいただいた女性（アメント女神）の姿であらわされています。

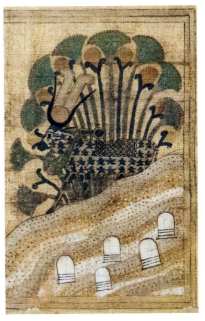

西方からあらわれるハトホル
墓が設けられている沙漠の境に繁茂するパピルスとロータスの茂みから姿を見せています。
新王国時代第 19 王朝、カイロ・エジプト博物館

　その他、銅やトルコ石など、地下資源の採掘地の守護神として祀られていました。これらの地下資源の産地も主に沙漠地帯にあるからでしょうか。

　牝ウシが沙漠と結びつけられたのは、12 ページでも紹介したように、かつて沙漠地帯が大草原だった時代に、その地で牧畜がさかんだったことと関係があるのかもしれません。

　牡ヒツジをあらわした文字です。〈バァ〉または〈セル〉、**牝ヒツジ**は〈セリィト〉とあらわします。ヒツジやヤギは前 8000 年頃、西アジアで家畜化されるようになった動物で、ミルクの供給源、ウシよりも利用されることが多い食肉用とされてきました。同じ家畜でも、ウシはアフリカ起源、ヒツジやヤギは西アジア起源で、その両方の家畜文化

ろくろで子どもをつくるクヌム神
ナイルの粘土を蹴ろくろにとり、人を創造するという神話がありました。前にカエルの女神ヘケトがひざまづいています。
プトレマイオス朝時代、デンデラ神殿跡

夜の太陽神の化身のひとつ
ヒツジの前には、右のメネケト（織物を意味するヒエログリフ）が供えられています。　新王国時代第19王朝、前1290年頃、セティ1世王墓（ルクソール西岸）

がエジプトで合わさったと考えることもできます。

ヒツジは繁殖力が旺盛なことから子孫繁栄を象徴するものとも考えられたようです。早くからクヌム神の聖獣としてミイラにされ、神殿に祀られていました。

クヌム神は〈ケネムウ〉とあらわします。壺の文字が加わることがポイントです。第1カタラクトをつかさどる神として崇拝され、アスワンのエレファンティネ島には古くから神殿が建てられていました。また器をつくる「ろくろ」で人を粘土から創造した神、陶工の神としても崇拝されていました。人が土からつくられるという考え方は、のちの『聖書』創世記に影響したのかもしれません。

〈ケネム〉の音には、**守護する、仲間に入る、豊かにする**などを意味する単語や、〈ケネメト〉（女性形）など、人の環境をよくするイメージがあったようですね。

「牡ヒツジ」の発音〈バァ〉は**霊魂**を意味する(p.89)または〈バァ〉と同音です。そのために太陽神ラーが西の地平線に沈む、つまり魂となって冥界に入ったという考え方もあったために、しばしば冥界にある太陽神は頭上に太陽円盤をいただいた牡ヒツジの姿であらわされることもありました。

ところで、古代エジプト時代には、その遺物から2種類のヒツジがいた

第 2 章　自然のめぐみに祈る

ことがわかっています。ひとつは文字としてもあらわされている、よじれた角が水平にのびたもの、もうひとつは角が後頭部から下に「つ」の字型になっているものです。前者が古くからエジプトで飼われていた種類のヒツジであることは、文字やクヌム神、太陽神の化身としてあらわされていることから考えられます。

後者は、中王国時代以降、西アジアからもたらされた種類のヒツジとされています。新王国時代になってテーベの主神アメンの聖獣とされ、その代表的なものがカルナク神殿の参道にスフィンクスとして残されています。

アメン神の聖獣としてのヒツジ
上は、末期王朝時代までカルナクのアメン神殿の参道に並んでいたヒツジのスフィンクス。
カルナク神殿（ルクソール東岸）

右は、アメン神の舟形の神輿の船尾、船首を飾っていた装飾。
末期王朝時代第 25 王朝、前 664-656 年、ルーヴル美術館 [E33072]

ペルセアの樹のもとで大蛇アアペプを退治する聖猫
新王国時代第19王朝、前1250年頃、インヘルカァウの墓（ルクソール西岸）

ネコは〈ミィウ〉とあらわし、ペットとして飼われていました。主人の椅子の下で魚をむさぼり食う姿や、狩猟の場では猟犬ならぬ猟猫として活躍し、投げ棒で落とした鳥をつかまえている姿が残されています。

『死者の書』第17章では、文字にあるような坐り方をし、上昇する太陽神を象徴する聖樹をおかそうとする大蛇アアペプを手にしたナイフで切り殺している場面があらわされています。

末期王朝時代になると、ネコは下エジ

ネコ
凛として座るネコの銅像は数多くつくられました。この像のように子ネコに乳をやるものもありました。
レーマー・ペリツェウス博物館（ヒルデスハイム）

バステト女神　右手にシストルム、左手に籠をかけ、アイギスをもっています。
末期王朝時代、ルーヴル美術館 [N3857]

ネコのミイラ
ネコの姿をかたどっていますが、実際にミイラを包んでいるものもあれば、布でかたどっただけのものもあります。
末期王朝時代、ルーヴル美術館 [AF9461, N2678C]

プトのブバスティスで、**バステト女神**としてあつく信仰されるようになりました。〈バアセテト〉とあらわし、しばしばシストルム（がらがら）やアイギス（盾、英語ではイージス）を手にしています。多くのネコの像やネコのミイラがこの女神の神殿に奉納されました。また、その容姿が牝ライオンの姿をしたセクメト女神と似ているというので、同一視されることもあったようです。

　イヌは〈アウ（イウ）〉、〈アウアウ（イウイウ）〉なかでも猟犬として人気のあった**グレイハウンド**は〈チェセム〉とあらわしま

猟犬　飼いイヌに首輪がされていたことがわかります。
沙漠に囲いが設けられ、そこに獲物とする動物が放たれました。右上にはネコが描かれています。
中王国時代第12王朝、前1900年頃、クヌムヘテプ2世の墓（ベニ＝ハッサン）

第 2 章　自然のめぐみに祈る

した。
　ここで面白いのはネコやイヌを〈ミィウ〉〈アウ（イウ）〉などと鳴き声を文字におきかえてあらわしていることです。漢字の「猫」の文字も、その構造は、獣であることをしめす偏に「苗」ですが、「苗」のほうは中国で〈ミャオ〉と読む文字が組み合わされたものです。私たちは〈ミャオ〉ということはありませんが、幼児にネコやイヌのことをしめすとき、「ニャンニャン」「ワンワン」と表現します。私たちの使っている漢字も、もとは象形文字であり、物事の表記の考え方がとてもよく似ていることがわかります。

飼いイヌとパバサ　前5000年頃からペットとして飼われていたエジプトのグレイハウンドが、この種の先祖とされています。　末期王朝時代第26王朝、前650年頃、パバサの墓（ルクソール西岸）

　イヌは番犬として、あるいは狩猟犬として飼われ、名前がつけられていたこともわかっています。飼い主のなかには、かわいがっていたネコやイヌのペットが死ぬとミイラにし、棺までこしらえて丁重に葬った者がありました。ペットに対する感情も、接し方も、今日の私たちのものと何ら変わらないのです。

　ヤマイヌをあらわした文字で、〈サァブ〉でヤマイヌ（ジャッカル）です。人里から離れてすむヤマイヌは、直接沙漠に埋葬していた時代では、死体を掘りかえしたりしていたのでしょう。また、墓地を縄張りとしていた彼らは、人や他の動物がむやみに近づこうとすると吠えたり、襲ってきたりしたのでしょう。そのようすに人びとは墓地や遺体を守ってでもいるように思え、守護神と考えたのではないでしょうか。死体

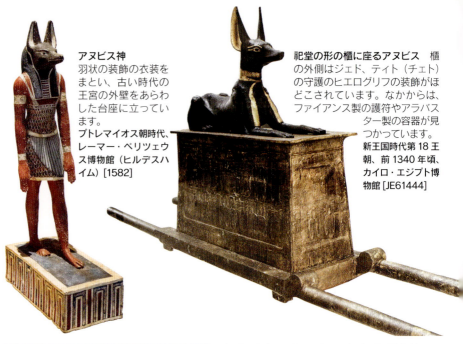

アヌビス神 羽状の装飾の衣装をまとい、古い時代の王宮の外壁をあらわした台座に立っています。プトレマイオス朝時代、レーマー・ペリツェウス博物館（ヒルデスハイム）[1582]

祀堂の形の櫃に座るアヌビス 櫃の外側はジェド、ティト（チェト）の守護のヒエログリフの装飾がほどこされています。なかからは、ファイアンス製の護符やアラバスター製の容器が見つかっています。新王国時代第18王朝、前1340年頃、カイロ・エジプト博物館 [JE61444]

ウプウアウト神 王権のシンボルであるヘカとネケクをもっています。新王国時代第19王朝、前1290年頃、セティ1世葬祭殿（アビュドス）

を守るものということから発展して、死者の再生復活を信じてはじめられたミイラ作りの神としても崇拝されました。王朝時代以降、とくに黒色のヤマイヌは冥界のイメージ、あるいは冥界の王オシリスの再生復活につながる耕地の沃土の色のイメージから**アヌビス神**として崇拝されるようになり、または〈アンプウ〉とあらわしたのです。と表音文字だけで書く場合は、多くの場合、アヌビス神の彫像、あるいはアヌビス神の姿が近くに描かれています。

ときに白い色のヤマイヌの姿もあらわされていますが、これは死者が来世に復活できるよう西方へと導く神**ウプウアウト**〈ウェプウアウト〉として信仰されていたものです。

第2章 自然のめぐみに祈る

立った**ライオン**をあらわした文字で〈マアイ〉、これに対してどっしりと**座るライオン**は〈ルウ〉と書きます。ルウはスフィンクスの姿ですね。

スフィンクスとしての牡ライオンは、日毎の太陽の運行を守護すると考えられていたようです。有名なギザのスフィンクスも、太陽信仰の聖地だったギザ台地を守護するものでした。

牡ライオン 体毛に黒い斑点があり、肩と腰には右のような模様が描かれています。狩りの一場面で、猟犬と同じように飼っているライオンにも狩りをさせているように描かれています。中王国時代第12王朝、前1900年頃、クヌムヘテプ2世の墓（ベニ＝ハッサン）

ちなみに**スフィンクス**のことは、（王の）**彫像**という意味で〈シェセプウ〉とあらわしました。

2頭のライオンが背中合わせに座り、**地平線**から太陽が昇る形のヒエログ

スフィンクス カフラー王のピラミッドへの参道脇に築かれています。真東を向き、太陽信仰の聖地であったギザ台地を守護すると考えられていたようです。　古王国時代第4王朝、前2550年頃（ギザ）

アケル 「アケル」と刻まれた背に羊頭の太陽神ラーが乗る舟を載せています。東と西の地平線の守護、日没後、冥界に入った太陽を次の日の出まで守護すると信じられていました。同じように来世に入った死者を守護するとも考えられていたのです。
新王国時代第20王朝、前1150年頃、ラメセス6世王墓（ルクソール西岸）

アケトとアケル アケルに守護される日の出の地平線アケトを崇拝する死者。アケトには生命のしるしアンクがかかり、日の出はあらたな生命の誕生とも重ねられていたのでしょう。
新王国時代第19王朝、前1250年頃、インヘルカァウの墓（ルクソール西岸）

セクメト女神 神の肉体は不変、永遠に輝く黄金でできていると信じられていました。トゥトアンクアメン王墓に収められていました。
新王国時代第18王朝、前1340年頃、カイロ・エジプト博物館 [JE60749]

リフ🌅〈アケト〉を背負ったように描かれたもの、または写真のように双頭のスフィンクスの姿であらわされる神を**アケル神**〈アケル〉といいます。ライオンはそれぞれ東と西を向いており、昨日〈セフ〉と明日〈ドゥアウ〉という名があります。日の出と日の入をつかさどるものと考えられていました。

第 2 章　自然のめぐみに祈る

　牝ライオンは〈マアト〉とあらわしました。太陽神ラーの娘**セクメト女神**〈セケメト〉として崇拝され、その意味は「強きもの」です。メンフィスで崇拝された創造神プタハの妻であり、太陽神ラーが乗る太陽の舟の航行を邪魔する魔物を退治すると考えられていました。新王国時代、カルナク神殿をはじめとするワセト（ルクソール）では、アメン神の妻であるムゥト女神（ハヤブサの姿をとることがある）と同一視されてあらわされました。

　牡ライオンが守護の性格が強く、牝ライオンの神が攻撃的な性格にとらえられていたのは、動物を狩るのがおもに牝ライオンであるという実際のライオンの生態を古代の人びとも知っていたのかもしれませんね。

　太陽を守護する動物には、おもしろいことに**イクヌメン（エジプト・マングース）**もありました。〈アジュ〉です。約 60cm ほどの大きさになります。ネコの仲間で、雑食です。実生活では穀物倉庫などで、ネズミを退治する動物として大切にされていました。壁画などでは鳥の巣をねらう姿があらわされていますが、水辺ではワニの卵を掘り返して食べてくれることも知られていたようです。古王国時代の『ピラミッド・テキスト』から、冥界を航海する太陽神ラーのパートナーとして航海を邪魔するアアペプ（大蛇）と闘ったり、ラーが巨大なイクヌメンに変身してアアペプと闘うとして神格化されていました。

イクヌメン　上の像には、有翼日輪が刻まれています。
下のイクヌメンは頭上に太陽円盤をいただき、守護神としてあらわされています。
［上］末期王朝時代、エジプト美術博物館（ミュンヘン）［ÄS7225］
［右］末期王朝時代、新エジプト博物館（ベルリン）

　カバは〈デブ〉とあらわします。日中は水につかってゆったりしているイメージがありますが、英語の hippopotamus の語源の意味が「川のウマ」なのは、ナイ

カバ　ファイアンス製で、ナイル沿岸の豊かな緑のイメージがデザインされています。
第2中間期、カイロ・エジプト博物館 [JE21365]

カバ狩り
古王国時代第5王朝、前2450年頃、ティのマスタバ（サッカラ）

カバ・ケーキを切る　セト神を退治する神事の流れのなかで、セト神に見立てたカバをかたどったケーキ〈デブ〉を切り分けていただくことがありました。
プトレマイオス朝時代、ホルス神殿（エドフ）

ルの湿地をウマのように駆けるカバを見たギリシア人が名づけたものです。ちなみに漢字で「河馬」と書くのは、英単語の意味を直訳してあらわしているからで、その漢字の音をそのまま発音したから「カバ」なのです。

　ときにカバは俊敏に動き、それによって漁師たちに危険がおよぶこともあったでしょう。また、夜になると陸にあがって草をはむとき、畑の野菜も荒らしたりしますから、人にとっては退治すべき動物だったようです。古王国時代の壁画にはカバ狩りの場面がさかんに描かれています。『オシリス神話』においては、カバはオシリス神を殺した悪神セトが化けた動物とされ、それをホルス神が退治する場面などもあらわされています。

　しかしそれに対して、中王国時代にはナイルの豊饒に感謝する意図からか、ファイアンス製の青いカバの像がつくられるなどもしています。その大きな身体から豊かさのイメージがあったのでしょう。また、新王国時代のトゥト

第 2 章　自然のめぐみに祈る

アンクアメンの遺品のひとつにカバ（タウレト女神）の頭部が彫られたベッドがありますが、ここでは守護神としてみなされていることがわかります。

　カバの姿をした**タウレト女神**は〈タァウレト〉です。頭と胴がカバでライオンの手足、ワニの尾を持つものとしてあらわされます。**守護の標サァ**〈サァ〉を手に持ち、妊婦と出産を守護する神として信じられていました。おもにルクソールでナイルの守護神とされた**イペト（オペト）**〈イペト〉もタウレト女神と同じ姿であらわされます。

　マントヒヒ〈イアン〉は特別神聖なものでした。王朝時代以前から崇拝されていた動物のひとつで、人間に近いユニークな動きをするということが大きな理由だったの

イペト（オペト）女神　タウレト女神の姿でサァのほかに、生命のしるしアンクと火をもっています。　新王国時代第19王朝、前1250年頃、アニのパピルス、大英博物館 [EA10470, 37]

でしょう。時間、知恵、記録の神**ジェフティ（トト）**〈ジェフティ〉として、しばしば満月と三日月を組み合わせた標を頭上にいただく姿であらわされました。

　またマントヒヒは、明け方、夜の間に冷えた身体を、昇ってきた太陽であたためる際、金切り声をあげてとびはねる習性があることから、太陽神の出現をよろ

ジェフティ神　トゥーナ・エル＝ジャバルにあったジェフティ神殿の壁画の一部。プトレマイオス1世がマントヒヒ姿の神に香を捧げています。同じ神殿でトキの姿でもあらわされています。
プトレマイオス朝時代、レーマー・ペリツェウス博物館（ヒルデスハイム）[1883]

［右］セト神 ラメセス3世、ホルス神とともにあらわされている彫像の部分。 新王国時代第20王朝、前1170年頃、カイロ・エジプト博物館［JE31628］

［左］セト神
新王国時代第19王朝、
前1290年頃、
カルナク神殿（ルクソール西岸）

［左］セト
中王国時代第12王朝、前2000年頃、ケティの墓（ベニ＝ハッサン）

［右］ツチブタ
恩賜上野動物

こんで、人と同じく太陽を崇拝するかしこい動物と考えられたようです。私たちでも、沙漠に居ると、昇ってくる太陽の温かさは本当にありがたく感じます。しばしば見られる太陽を拝むマントヒヒの姿は、太陽の温かさに思わず手をかざしたくなる私たちの姿勢そのままです。そこから広がって、マントヒヒは太陽神が旅をする12の時間を守護するものとしてもあらわされました。

セトとよばれる動物神をあらわしています。〈セテク〉と書きます。荒ぶる神であり、雷や嵐などの天災、人に害をおよぼす物事にかかわるとされていました。古代エジプトに棲息していたどの動物にあたるのかはわかっていません。もっとも近いとされているのがサバンナに棲むツチブタです。昼間はほとんど巣穴から出ることのない夜行性の動物です。おもにアリや白アリを餌にしている雑食性で、畑の土を掘り起こしたり、野菜を食い荒らして害をもたらせるという点は災いそのものであり、セト神のモデルとされたのかもしれません。

第 2 章　自然のめぐみに祈る

アアペプを退治するセト神　ハヤブサ頭の太陽神ラー・ホルアクティが乗る舟で、セト神が銛をもって闘っています。舳先には朝を知らせてくれるツバメがとまっています。
第 3 中間期第 21 王朝、前 10 世紀、ヘリィトウェペケトのパピルス、カイロ・エジプト博物館

　それでも、新王国時代以前は重要な上エジプトの守護神でした。災いをもたらせる力で災いをふせぐという考え方からでしょう。夜間、再生復活に向かう太陽神ラーの乗った舟の舳先に立ち、その航海を邪魔する大蛇アアペプを退治する姿であらわされている例もあります。

　プトレマイオス朝時代になると、『オシリス神話』の信仰がさかんになり、セト神に対しては、オシリスを殺し、その遺骸をばらばらにしてナイルに捨て去るなど暴力的な悪神としてのイメージが強まりました。オシリス神の息子ホルス神に退治される敵とされたのです。

　〈ネシェニィ〉嵐など反乱、混乱の意味に関係しています。〈ネシェニィ〉の表記には、より暴力的イメージを強くする文字を添えた、嵐のイメージを強くしたとあらわすものもあります。サルの文字が使われているものもありますが、ちょっとしたことで騒がしくなるサルの群のようすからイメージしたものなのでしょう。

　キリンは、西沙漠がサバンナだった時代にはめずらしくなかったのですが

内陸アフリカからもたらされたキリン 背が高く、慎重な性質で、危険にはいち早く察する性質があることは古くから知られていたことでした。 **新王国時代第18王朝、前1450年頃、レクミラの墓（ルクソール西岸）**

（p.14〜17）、乾燥化が進んで早くに姿が見られなくなった動物でした。新王国時代になると南の国からの珍しい動物として贈られてきたようすがあらわされています。〈メミイ〉と読みます。

このキリンの文字がもちいられた言葉に〈セル〉**予知する**があります。首の長いキリンは、異変を察知するといっせいに首を伸ばし、その方向を向きます。見張り台の上に立つほど高いところから遠くを見るそのようすに、「予知」という発想が結びついたのかもしれませんね。

動物の部位をあらわした文字

動物の各部位をあらわした文字を紹介しましょう。

長い首を持つ動物の頭と首の部分をあらわしたものといわれています。首が長いということがもっとも特徴的ですから、〈アム〉**飲む、吸い込む**のような単語があります。

のどそのものは〈ケク〉とあらわします。

これはネコ科動物の下半身をあらわしたもので、〈ペフ〉**達する、獲得する、終わる**など、広い意味があります。文字どおり、端、うしろの部分は〈ペフウィ〉とあらわします。うしろには〈（エ）ム　ペフウィ〉、〈（エ）ム　ハア〉です。

ちなみに前には〈（エ）ム　バアフ〉、〈（エ）ム　ハアト〉〈ケネトゥ〉などがあります。

第2章　自然のめぐみに祈る

ウシの毛皮をあらわした文字です。〈イネム〉**皮膚、毛皮**のほか、〈デヘル〉**獣の皮**という語があります。

肉片をあらわした文字です。「肉、手足、身体の部分」の単語に関係する文字です。**手足**〈アト〉、**肉**〈イウフ〉などの語があります。〈ハア〉も**肉片、生肉**を、〈ハア　ネチェル〉は**オシリス神の姿をした王**、〈エ　ム　ハア　エ　フ〉は**彼自身**でと使われます。〈エ　フ〉に替えて、〈イ〉**私自身**で、|または〈エ　ス〉**彼女自身**で、〈エ　ク〉**あなた自身**でなどとあらわされました。

は虫類、両生類

ワニをあらわした文字で、**ワニ**〈メセフ〉とあらわします。また、**どん欲に求める**〈セケン〉、**どん欲な**〈ヘネト〉、**攻撃的な、怒る**〈アド〉などがあります。

こうした意味は、獰猛なワニの生態から的確な表現だといえましょう。水辺でもっとも人が注意すべき動物で、御すことができないその性質から、古くには神々の敵とも考えられました。しかし、この獰猛な力は太陽神ラーの天空の航行を邪魔するものを退治し、人々の生活のなかでも病魔などの邪気をはらう力だと考えられるようにも

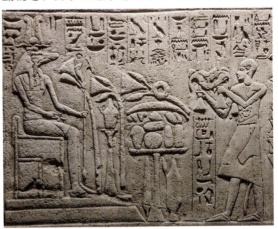

セベク神に供物を捧げるピア　ルクソール近郊のダハムシャにあったセベク神殿の高級神官ピアとその家族が供物を捧げるステラ（石碑）の一部。　新王国時代第19王朝、前1400年頃、クロコダイル博物館（コム・オンボ）[Luxor J.149]
左はコム・オンボ神殿に奉納されていたワニのミイラ。

なり、中王国時代頃からセベク（ソベク）神として広く崇拝されるようになりました。

セベク神は〈セベク〉とあらわし、その数が多かったファイユーム地方や上エジプトのコム・オンボなどで崇拝されていました。コム・オンボ神殿には大量のワニがミイラにされて納められていました。

角のある毒ヘビをあらわした文字です。表音文字として〈（エ）フ〉**彼、それ**を意味し、ヒエログリフの文章ではよく見られます。

は下エジプトを象徴する古くからの重要な**ウァジェト女神**〈ウァジェト〉をあらわすコブラの文字です。このヘビが意匠化されたものは**ウラエウス**〈イアレト〉です。耕地が広がるデルタ地帯で多く見られ、鎌首をもたげた姿に威厳を、強力な毒に恐怖を抱いていたのでしょう、先王朝時代から下エジプトの守護神ウァジェトとして、赤冠をいただいた聖蛇ウラエウス・コブラの姿で崇拝されていました。

この形のコブラの文字は〈ジュ〉の音をあらわします。これもよく見られる文字で、文頭にあるときのは、私たちが使うカギカッコのようではありませんか？　面白いことに、ヒエログリフでもこの文字はせりふのはじまりを示しているのです。**言う、話す**〈ジェド〉と**言葉**〈メドゥ〉の文字と組み合わせて壁画などではしばしば**（～による）せりふ**または〈ジェド　メドゥ〉を意味します。そして文末にあるときのは〈ジェト〉**永遠**を意味しているのです。

ウァジェト女神
「安定」を意味するジェド柱が2本、その上に「主人」を意味する籠の文字〈ネブ〉があり、そこに女神が下エジプトの支配者のしるしである赤冠をかぶってとぐろを巻いています。　新王国時代第19王朝、前1260年頃、ネフェルタリ王妃墓（ルクソール西岸）

第2章 自然のめぐみに祈る

　一方で、毒ヘビは日常生活で危険な生き物です。太陽神ラーが天空を航行する際に襲ってくる**魔物**はヘビの姿をしており、**アアペプ（アポピス）**〈アアペプ〉とあらわされました（p.65,75）。この文字が墓や神殿に書かれているところでは、文字であるはずのヘビにナイフを突き立てて、抜け出してきて悪事を働かないように祈ったのでした。　です。

　 は蛇行しているヘビをあらわした文字です。**ヘビ**は〈サァ・タア〉〈フェファウ〉、〈レクレク〉などがあり、ヘビの形に似た**ミミズ**も〈ジェデフェト〉とあらわされました。**ヘビ、腸のミミズ（寄生虫）**〈フェネチュ〉もあります。

　カエルは〈ケレル〉、〈アベネク〉などとあらわします。カエルの神は**ヘケト女神**であり、〈ヘケト〉とあらわします。大量のオタマジャクシとして水辺で発生し、やがてカエルとして水から出るようすを、原初の海からの生命の誕生に通じるとみなされたのでしょう。すべての創造物の誕生をつかさどると考えられ、出産の神として、とくに上エジプトで崇拝されていました。

ヘケトに香を捧げるセティ1世
ヘケトの像が黄金色の厨子に収められています。　新王国時代第19王朝、前1290年頃、セティ1世葬祭殿（アビュドス）

エジプトハゲワシ
古王国時代第4王朝、前2550年頃、ラーヘテプのマスタバの壁画、カイロ・エジプト博物館 [CG1744]

鳥類

　エジプトには「ハゲワシ」とよばれる鳥は2種類ありました。

　文字としてよく見られる**エジプトハゲワシ**は、信仰の対象にはなりませんでした。ほとんどが〈ア〉の音をあらわすだけです（p.1 参照）。

　シロエリハゲワシのほうは、その大きな羽を広げたときの抱擁感にエジプト人は感じ入っ

ネクベト　両脚で「永遠」の象徴であるシェヌウをつかんでいます。
新王国時代第18王朝、前1480年頃、ハトシェプスト女王葬祭殿（ルクソール西岸）

［右］シロエリハゲワシ　千葉市動物公園

たようです。ハゲワシ〈ネレト〉で、その羽毛に包まれるイメージに母〈ムゥト〉を結びつけました。ちなみに父は〈イト〉です。しばしばムゥト女神は、ハゲワシの頭飾りに上下エジプトを象徴する二重冠をかぶる女性の姿であらわされます。アメン神の妻であり、コンス神の母として崇拝されていました。また、ネクベト女神〈ネケベト〉として、古くから上エジプトの聖地ヒエラコンポリスの守護神とされた重要な神で、しばしば下エジプトのウァジェト女神と組み合わせてあらわされます。その反面、大きくて鋭いくちばしに恐ろしさを感じないではいられません。恐怖〈ネルウ〉などの単語もあります。

　　ハヤブサは天空をつかさどる神ホルス〈ヘル〉または〈ヘルウ〉として崇拝されてきました。上下エジプト王を象徴する二重冠をかぶった姿であらわされることがあります。おそらく古くは、国家を統一した王の出身地の守護神だったのでしょう。王はホルス神の化身と考えられ、王の名前はハヤブサが守護する王宮の形の枠のなかに記されるようになったのです。
　ときにホルスの身体は天を、その両目は太陽と月をあ

ムゥト女神
新王国時代第20王朝、前1170年頃、ラメセス3世葬祭殿（ルクソール西岸）

第 2 章　自然のめぐみに祈る

有翼日輪　新王国時代第 20 王朝、前 1170 年頃、ラメセス 3 世葬祭殿（ルクソール西岸）

[右] ホルス神　上下エジプト王の象徴である二重冠を身につけています。　新王国時代第 19 王朝、前 1290 年頃、セティ 1 世葬祭殿（アビュドス）

[右] ホルス神　王宮の象徴にとまり、王家、王権の守護をあらわしています。　新王国時代第 19 王朝、前 1290 年頃、セティ 1 世葬祭殿（アビュドス）

らわしているといわれています。〈ヘル〉は天を〈ヘレト〉と言うように語源は同じと考えられます。〈ヘリィ〉上（天空）にあるものという意味に通じます。空高く舞い上がり、獲物をさがして旋回する姿、いざ獲物がみつかると羽をたたんで急降下して仕留めるという習性、そしてその精悍な容姿にエジプト人は魅せられたのでしょう。この鳥が神聖な旗竿にとまっている文字は、それだけで広く**神、王**を意味し、**アメン神**〈アメン〉、**王**〈ネスウ〉をあらわす単語にももちいられます。

　また太陽神とも結びつけられるようになり、ハヤブサの両翼は、その中央に太陽円盤が組み合わされた「有翼日輪」として神殿や墳墓などさまざまなところに描かれています。

　ホルス神については「ホルス神の 4 人の息子」とよばれる神々がありました。

ハピ神〈ハピ〉

ドゥアムテフ神〈ドゥアムテフ〉

イメセティ神〈イメセティ〉

ケベフセヌエフ神〈ケベフセヌエフ〉

[左] パァディエフのカノプス壺
第3中間期、末期王朝時代、ルーヴル美術館 [N2952]

[左] ソカル神
新王国時代第18王朝、前1480年頃、ハトシェプスト女王葬祭殿(ルクソール西岸)

[下] ソカルの舟
新王国時代第19王朝、前1290年頃、セティ1世葬祭殿(アビュドス)

ホルスの4人の息子はすべて人の姿であらわされることもあれば、しばしばハピはマントヒヒ、ドゥアムテフはヤマイヌ、イメセティは人、ケベフセヌエフはハヤブサの姿であらわされることもありました。ミイラまたは死者の内臓の守護神として崇拝され、ミイラの内臓を入れるカノプス壺の意匠にされたり、棺の周囲に描かれたりしています。ハピは肺で方位は北、ドゥアムテフは胃で東、イメセティは肝臓で南、ケベフセヌエフは腸で西をつかさどっています。

死者が眠る墓域(ネクロポリス)の古くからの守護神 **ソカル** 〈セケル〉もハヤブサの姿であらわされます。無冠のハヤブサ、冥界の神オシリスと習合したときには、アテフ冠を身につけた姿になります。またソカルに

第 2 章　自然のめぐみに祈る

は、古い時代の舟、**ヘヌウ舟**〈ヘヌウ〉が結びつけられています。

　ワセト（ルクソール）で古くから信仰を集めていた**メンチュ神**もハヤブサの姿をしています。〈メンチュウ〉とあらわし、2 枚の大きな羽根と太陽円盤をいただき、闘いの神として崇拝されていました。この神には、聖獣として牡牛ブキス（p.61）があり、メンチュウ神の神殿で飼われていました。

　頭上に太陽と三日月をいただいたハヤブサの姿の神は**コンス**です。〈ケンスウ〉とあらわされます。テーベの主神アメンとその妻ムゥトとのあいだに生まれた子どもとされ、カルナク神殿ではアメン、ムゥト、コンスが「テーベの三柱神」として強い勢力を持っていました。

［右］メンチュウ神　カルナク神殿内のコンス神殿（ルクソール西岸）

　太陽神ラーも太陽円盤をいただくハヤブサの姿であらわされます。〈ラー〉とあらわします。イウヌゥ（ヘリオポリス）の太陽神で、古王国時代末期以降、国家の最高神と位置づけられていました。日輪そのもの、または太陽円盤をいただいたハヤブサや牡ヒツジ（冥界での太陽神、p.64）、ときに昆虫のスカラベの頭の姿（p.98）であらわされることがありました。また頭上に太陽をいただく人の姿でもあらわされています。太陽の舟に乗って東の地平線から西の地平線へ天空を航行し、夜は地下の世界を航行して、翌朝、東の空に復活す

［左］コンス神
カルナク神殿内のコンス神殿（ルクソール西岸）

ると考えられていました。

イウヌゥのラー神殿では、聖獣として牡牛ムネビス（p.61）が飼われていました。

ラー神は中王国時代以降、とくに新王国時代には**ラー・ホルアクティ神**としてあらわされるようになりました。またはは〈ラー・ヘル・アケティ〉で、王権の守護神ホルスと、国家の守護神ラーが習合し、両方の性格を持った神として崇拝されました。〈ヘル・アケティ〉とは**地平線のホルス**という意味です。

これはハヤブサの眼で、**ウジャトの眼**〈ウジャト〉とよばれています。前述したようにハヤブサの右眼は太陽を、左眼は月をあらわすものと信じられ、もっぱら守護のためにもちいられました。神話の世界では、ホルスがセトと闘ったとき、片方の眼に傷を受けましたが、それが癒されていったことと月の満ち欠けとが重ねて考えられました。ウジャトの名には「全体、そして回復するもの」という意味があります。

こうした意味から、ウジャトは再生復活の護符として、ミイラを包む包帯などの間に巻き込まれました。もちろん、日常に身につける装飾品の意匠のひとつとしても人気があり

[左] ラー・ホルアクティ神
新王国時代第19王朝、前1260年頃、ネフェルタリ王妃墓（ルクソール西岸）

ウジャトの眼の卵を守るナイルの化身
新王国時代第19王朝、前1260年頃、ネフェルタリ王妃墓（ルクソール西岸）

第2章 自然のめぐみに祈る

ました。

　中王国時代の棺の側面にもウジャトの両眼が描かれることがありますが、これは死者が棺を通して外の世界を透視できるものと考えられていたからです。

[下] レキト、[右] タゲリ
羽を折られて飛ぶ自由をうばわれたレキト（タゲリ）の胸元には、人の腕が彫られ、崇拝している姿勢であらわされています。
新王国時代第18王朝、前1480年頃、ハトシェプスト女王の赤い祀堂、カルナク神殿（ルクソール西岸）

湿地帯に群れをなす小鳥のひとつ、タゲリをあらわしています。しばしば羽根が折られており、王にしたがっている**臣民、庶民**〈レキト〉を意味します。

　タゲリの絵はしばしば浮彫りや絵画などに特別な姿で描かれています。**すべて**を意味する〈ネブ〉の文字にとまるタゲリの前には星が描かれて、〈ドゥア〉**礼拝する**の姿勢で、「すべての臣民が礼拝する」という意味になっているのです。群をなして忙しく餌をさがす姿、それでいて自由のない庶民の姿を重ねたのでしょう。

　トキとよばれる鳥についても、2種類に注目していたようです。ひとつはクロトキです。クロトキは書記の守護神、知恵の神**ジェフティ（トト）**として、中部エジプトを中心に、広くエジプト各地で崇拝されていました。〈ジェ

ジェフティ神　トゥーナ・エル＝ジャバルにあったジェフティ神殿の壁画の一部。p.73に他場面。　プトレマイオス朝時代、レーマー・ペリツェウス博物館（ヒルデスハイム）[1883]

ジェフティ神
「真理」「正義」「秩序」の象徴であるマアト女神の小像と向かい合っています。嘘、偽りのない記録をおこなうことの戒めの意味もあったのでしょう。マアト女神の両脇にも小さなトキの像があります。しばしば、書記と向かい合う形の像も見られます。
末期王朝時代、マラウィ博物館

フティ〉とあらわします。通称となっている「トト」はギリシア人による名称です。暦の管理、年月日による記録をつかさどると信じられ、しばしば満月と三日月を重ねた意匠を頭上にいただいています。クロトキのくちばしが新月をイメージさせるようにカーブしているからという説がありますが、明確な理由はわかっていません。

　記録することと関連づけて、文字を発明した神、知恵の神と信じられ、書記の守護神とされました。クロトキのほか、マントヒヒの姿でもあらわされ、しばしば満月と三日月を重ねた意匠を頭上にいただいています。

　中部エジプトのトゥーナ・エル＝ジャバル、エル＝アシュムネイン（ヘルモポリス）の主神で、ここではトキやマントヒヒがミイラにされ、像が作られて神殿に納められ、祀られていました。サッカラにある地下墳墓からも大量のトキのミイラが発見されています。

　もう1種類のトキはホオアカトキです。魂 〈アク〉を意味します。アフリカハゲコウ（p.89）のバァ（魂）とは、また別の形の魂として考えられていたようです。ほかに**よきもの、有用なもの**〈アケト〉、**神の力**〈アクウ〉など、この文字による音は見えない威力、効力をイメージさせるものだったのでしょう。新王国時代第18王朝に宗教改革をおこなった王として知られるアクエンアテン（アテン神にとって有用なも

第2章　自然のめぐみに祈る

ベンベンにとまるベヌウ
来世の楽園イアルをあらわした場面の部分。
新王国時代第20王朝、前1170年頃、ラメセス3世葬祭殿（ルクソール西岸）

太陽の化身としてのベヌウ　「随行者」を意味する文字〈シェメスウ〉とともに太陽の舟に乗っています。舟の下には「天」を意味する文字〈ペト〉が書かれ、この舟が天空を航海していることをあらわしているのです。　新王国時代第19王朝、前1200年頃、イリィネフェルの墓（ルクソール西岸）

の）の名前にもこの文字が使われています。

　アオサギは長くまっすぐにのびたくちばし、後頭部の長い羽、首の羽毛が特徴的で、大股で歩く実際の姿そのままに脚を大きく開いた姿であらわされています。太陽を頭にいただく**ベヌウ鳥** 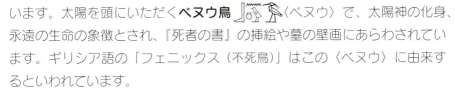 〈ベヌウ〉で、太陽神の化身、永遠の生命の象徴とされ、『死者の書』の挿絵や墓の壁画にあらわされています。ギリシア語の「フェニックス（不死鳥）」はこの〈ベヌウ〉に由来するといわれています。

　イウヌゥ（ヘリオポリス）に伝わる天地創造の神話では、天地創造の際、混沌たる原初の海から原初の丘があらわれたと考えられました。その丘の形そのもの、あるいは原初の丘にはピラミッドの先端のような形をした〈ベンベン〉とあらわす**ベンベン石**があり、そこにベヌウ鳥がとまったとされているのです。

エジプトガン

オナガガモ

マガモ

罠にかかったカモの仲間
ロータスの茂る沼地では罠を仕掛けて獲るカモ猟がさかんにおこなわれていました。
図版の左には、ロープを握る男がおり、鳥が集まったタイミングを見計らってロープを引くと、網が閉じるようになっていました。エジプトガン、オナガガモ、マガモなどが群れていたようすが見られます。
中王国時代第12王朝、前1900年頃、クヌムヘテプ2世の墓（ベニ＝ハッサン）

　人びとにもっとも身近な鳥はガチョウでした。食用としてもとても好まれました。ガチョウのヒエログリフは、それだけで大きく**鳥類**を意味し、さらには空中を飛ぶものすべて、虫さえもこの文字であらわされます。**ガチョウ**〈ゲブ〉です。このガチョウを頭上にいただく姿であらわされることもある神**ゲブ**〈ゲブ〉は大地の男神です。

　鳥（総称として）、**ガチョウ**〈アペド〉、**猛禽**、**トンビ**〈ジェリイト〉、そして**バッタ**も　　　または　　　〈セネヘム〉とあらわしていました。食料として用意された**鳥**は　　　〈ウェシェヌウ〉です。

　ガチョウは野生のガンを飼い慣らしたものです。餌を与えて太らせようとしているようすが壁画にあらわされています。

　ガチョウの文字にきわめてよく似ているものにオナガガモがあります。違

第 2 章　自然のめぐみに祈る

カモやガチョウを飼う
ムギの粉を練った餌を食べさせ、太らせています。フォアグラの起源は古代エジプトにありました。カモやガチョウだけでなく、ツルの仲間も飼っていました。
動物ではハイエナにまで強制的に餌を食べさせ、太らせていたようすが壁画にあらわされています。今日、こうして強制的に餌を与えることは動物虐待にあたる行為ではないかとの議論が高まっており、古代エジプト時代以来の食文化の伝統も絶えてしまうのかもしれません。
古王国時代第 6 王朝、前 2300 年頃、カゲムニの墓（サッカラ）

いは尾が短い（ガチョウ）か長い（オナガガモ）かです。壁画だけでなく、さまざまなものにこの文字が刻まれていますが、ほとんどの場合、息子〈サァ〉、娘〈サァト〉、**太陽神ラーの息子**〈サァ・ラー〉、**王子**〈サァ　ネスウ〉、**王女**〈サァト　ネスウ〉としてもちいられています。なかには、ガチョウとオナガガモの区別がつかないものがありますが、そのときは単語のつづり方で見分けます。

エジプトに来る渡り鳥としてコウノトリやツルもいました。コウノトリやツルも飼って食用としていたようです。なかでも、ノド袋が特徴的なアフリカハゲコウの文字は〈バァ〉と読みます。人里近くにもあらわれ、墓地で屍肉をあさることをします。ヤマイヌなどと同じように、墓地に集まる姿、追い払ってもしつこく墓地にもどってくるそのようすに魂がもどってくるイメージを重ねたのでしょうか。**霊魂**を意味します。人は死ぬと、その霊魂は鳥の姿になって現世と来世を往き来すると考えられたのでした。同じく「霊魂」をあらわすヒエログリフには〈バァ〉と読むヒツジのヒエログリフもあります（p.64）。

アカシアの樹に集まる小鳥　食用ではありませんでしたが、ヤツガシラ、モズの仲間、セキレイの仲間、チドリの仲間と思われる鳥も見られます。　中王国時代第12王朝、前1900年頃、クヌムヘテプ2世の墓（ベニ＝ハッサン）

スズメもよく目にする鳥ですが、穀物や果実を喰い荒らす害鳥で嫌われていたという点は、農耕をいとなむ人びとには共通のことです。ですから、このスズメのヒエログリフは「小さい、」「狭い」「悪い」「病気の」「滅びる」など、よくない状態をあらわす単語にかかわります。

小さい 〈ネジェス〉、
狭い 〈ヘネス〉、
悪い、邪悪な 〈ビン〉、
空（から）の 〈シュウ〉、
病気の 〈メル〉
滅びる 〈アク〉

これに対してツバメが穀物を害する虫を駆除してくれる益鳥だという感覚はエジプト人も同じでした。壁画などに記されているこの文字は、ほとんどの場合、**偉大な** 〈ウル〉 という意味で使われているのです。

また冥界を航海する太陽の舟の舳先にとまり、夜明け（復活）の近いことを知らせてくれるものとも考えられていました（p.75）。

ほかには、ダチョウのヒエログリフもあります。**ダチョウ** 〈ニウ〉 です。ダチョウは乾燥化が進んだなかでも、長く棲息していたようです。その卵が古くから大切なタンパク源だったことは、西沙漠で石器とともに多くの卵の殻が見つかることからもわかります。また王朝時代にも、巻き狩りをあらわした場面に、しばしば描かれており、よく知られた大型鳥類だったのでしょう。新王国時代には、内陸アフリカからの交易品としても、羽根や卵

第 2 章　自然のめぐみに祈る

ツルを飼う
ツルは渡り鳥ですが、それをつかまえてケージのなかで飼っていたようです。餌を与え、太らせていたことが壁画にあらわされています。
中王国時代第 12 王朝、前 1900 年頃、クヌムヘテプ 2 世の墓 (ベニ＝ハッサン)

とともにもたらされていました。

　カラスも日常よく目にする鳥です。全体が黒色のカラスと、羽の部分が灰色のものがあります。壁画の題材としても、ヒエログリフとしてもあらわされることはほとんどありません。食用にもならず、それだけ人とのかかわりが薄かったからでしょう。

　今日、もっとも飼われているニワトリは、前 1450 年頃、新王国時代第 18 王朝のトトメス 3 世の治世にエジプトに入ってきたと考えられています。インドからメソポタミア地方、シリアを経由して、「毎日、卵を産む鳥」としてもたらされたようですが、王朝時代には異国からの珍しい鳥として観賞用であり、家禽とされたのはプトレマイオス朝時代以降だったようです。

ニワトリを描いたオストラコン
トゥトアンクアメン王墓の発掘時に王家の谷で発見されました。石灰岩片に描かれた職人の下書きですが、清書された絵や浮彫は知られていません。
新王国時代第 19 王朝、前 1200 年頃、大英博物館 [EA68539]

その他、鳥について
　次の文字は料理される前の下処理が終わったカモ、あるいはガチョウを

供物のカモ、ガチョウの容器
実物は長年月で形を変えてしまうので、その形の容器に入れて、永遠にあり続けるように願ったのでした。
古王国時代、イムヘテプ博物館（サッカラ）

あらわしたものです。「供物用の鳥」を意味します。畏れ入る、崇敬する、慎重になる〈セネジュ〉、供物を捧げる〈ウェシェン〉などを意味する単語があります。

羽根や卵もの文字も、翼〈ジェネフ〉、卵〈スウヘト〉などの単語になります。

飛び上がるガチョウです。飛ぶ〈パァ〉という単語もありますが、神殿などでこの文字が書かれている場合は、原初の時、この世のはじまり〈パァト（パァウト）〉、この世のはじまり以来〜〈ジェル パァト（パァウト）〉、最初〈パァウ（パァウト）テペト〉、原初の神々〈パァウティ〉として、王の偉業などを讃えると場面で使われることが多いようです。ガチョウが飛ぶこととこれらの単語の意

洗濯屋
首輪をして、この動物を飼っていたかのようにあらわしています。
中王国時代第12王朝、前1900年頃、クヌムヘテプ2世の墓（ベニ＝ハッサン）

第 2 章　自然のめぐみに祈る

味は関係なく、ただ〈パァ〉と発音する文字だから使われているだけです。

降りるガチョウです。**留まる、休む**〈ケニィ〉、（わいわいと）**おしゃべりする**〈ケン〉です。鳥の群が舞い降りると、とたんにうるさくなるからでしょうか。ほかには、**どこ？**〈チェン〉などの単語があります。

面白いのは、2 羽のチドリの文字

ヌビアからの供物　金の輪、金のペレットが入った袋、黒檀、そしてダチョウの羽が並べられています。　新王国時代第 12 王朝、前 1450 年頃、レクミラの墓（ルクソール西岸）

でしょうか。**洗濯屋**〈レケティ〉、（衣服を）**洗う**〈レケト〉という意味ですが、これなどは水辺で忙しく洗濯をする人びとのようすと、水辺で餌を探して動き回っているチドリのイメージを結びつけたのでしょうね。

マアト女神
新王国時代第 19 王朝、前 1260 年頃、ネフェルタリ王妃墓（ルクソール西岸）

鳥の羽根をあらわした文字があります。おそらくダチョウのものでしょう。このヒエログリフも壁画などにしばしば見られます。この羽根の文字だけのときもあれば、この羽根をヘアバンドに刺した女性の姿であらわされることもあります。この場合は〈マアト〉と読み、**真理、秩序、公正**を意味し、マアト女神がつかさどると信じられていました。

　神殿には、王がエジプトに秩序をもたらせる者として、それぞれの神殿の主神の前で、このマアトのシンボルを捧げるようすがあらわされています。

　また、人は死ぬと、来世に復活する人物としてふさわしいかどうか、冥界をつかさどる神オシリスの裁判を受けなければなりませんでした。このマア

トの羽根と死者の心臓を天秤にかけて、その人となりが判断されると考えられていたのです。

𓆄の文字は〈シュウ〉とも発音します。𓀠シュウは**大気の神**です。象形文字を使う人びとにとって、目に見えないもの、形が一定でないものを表現することは難しいのですが、エジプト人の場合はわずかな空気の動きでもゆらぐ羽根をもちいたのです。この大気の神シューは男性で、マアト女神と同じようにこの羽根をヘアバンドに刺した姿であらわされます。

「空」の状態を意味するときにももちいられました。そのほか同じ発音では、**何もない**、**失われた**𓆄𓆄、**貧しい人（財産のない人）**𓆄𓈖、**乾いた、乾かされた、干された**𓆄𓇳、そして**影、陰**𓆄𓏤𓏲〈シュウト〉などの単語があります。

魚類

庶民生活において、魚は動物性タンパク質を摂るための貴重な食べ物でした。食料としての**魚**は種類に関係なく𓆟𓆟〈ウェシェヌウ〉（鳥の場合はp.88）です。壁画や浮彫りにはウシをほふり、その肉が死者や神に供えられている場面が描かれていますが、ウシなどの肉は神への供え物で、高い地位にある人物や、儀式、祭などの特別な日のためのものだったのです。

ナイルでとれた魚を運ぶ
ナイル・パーチ、ボラ、ティラピア、さまざまなナマズなど、好まれていた魚が壁画にあらわされています。
古王国時代第6王朝、前2300年頃、カゲムニの墓（サッカラ）

第 2 章　自然のめぐみに祈る

　ナイルでもっともよくみられる魚が**ティラピア・ニロティカ**という魚です。〈アネト〉とあらわされます。エジプトの市場では「ボルティ」という名で売られています。現在、日本でも、ティラピア、イズミダイ、チカダイという名前で養殖され、切り身は市販もされています。白身の魚で、小骨が少なくて食べやすく、タイの名前がつけられているように美味です。当時のエジプト人もとても好んだ魚で、ナイルでの漁を描いた場面ではひときわ大きく描かれ、数多くあらわされています。また先王朝時代から、この魚は化粧板をはじめ、さまざまな工芸品にデザインされています。

　ティラピアとならんで好まれていた魚はラテスです。ナイル・パーチとして知られるカワスズキです。淡泊な白身の魚で、今日では私たちも白身魚フライなどで口にする機会があります。ナセル湖などでは人の身長ほどの巨大なナイル・パーチのフィッシングが人気なように、古代でもこの魚が大きかったようすは浮彫などからうかがい知ることができます。プトレマイオス朝時代、エスナでは、クヌム神の聖魚ラテスとして信仰され、ミイラにして奉納されていました。そのために町は「ラテスの町」という意味で、ラトポリスとよばれていました。**ラテス**はヒエログリフでは

沼地の狩り　ティラピアを銛で刺しています。新王国時代第 18 王朝、前 1420 年頃、メンナの墓（ルクソール西岸）

ティラピア

ラテス

ラテスのミイラ　ルーヴル美術館 [AF13024]

ムギール（ボラ）

モルミルス

オクシリンコス魚、プトレマイオス朝時代、バイエルン州立エジプト美術博物館（ミュンヘン）
[ÄS719x]

〈アハァ〉とあらわしました。

日本の河口でもよくみられる魚にムギール（ボラ）があります。ボラはナイルにものぼってきています。カイロの魚市場では、日本のカラスミと同じように、この魚の卵巣が塩漬けにされて売られています。アラビア語で「バターリフ」、「バターレフ」と言います。カラスミの歴史は数千年の歴史があるのですね。**ボラ**は〈アジュウ〉とあらわされます。

モルミルスという種類の魚も文字にされています。日本でも熱帯魚店などで「エレファント・ノーズ」とよばれて、たびたび見かけます。その名のとおり、口がゾウの鼻のように下に向かって長くのびているのが特徴です。

オシリス神話では、オシリス神はセト神に殺されてバラバラにされ、その肉体はナイルにばらまかれました。そしてこの魚は、その形から、オシリス神の男根を飲み込んでしまったというので、**オクシリンコス魚**〈カアト〉として崇拝されていました。セト神を象徴する動物の正体は不明とされていますが、セト神の口の部分がエレファント・ノーズに似ているのでオシリス神話とこの魚が結びつけられたという説もあります。

プトレマイオス朝時代になるとオシリス神話が篤く信じられるようになり、その説話に結びつけられて庶民のタンパク源だった魚までが神格化され、一部の地域では、それらを食べることさえ禁じられるようになったのです。

下エジプト、デルタ地帯のメンデスという町では、プトレマイオス朝時代に**メヒト魚**〈メヒト〉がオシリス神話と結びつけられて信じられていました。そのなかで、オシリス神のバァ（魂）の妻と位置づけられた**ハトメヒト女神**〈ハァトメヒト〉（「メヒト魚を先導するもの」という意味）は、

第 2 章　自然のめぐみに祈る

ハトメヒト女神
プトレマイオス朝時代、バイエルン州立
エジプト美術博物館（ミュンヘン）

バルブス

［下］メヒト魚のミイラ棺
末期王朝時代、ルーヴル美術館
[AF2, N2898]

メヒト魚（レピドタス）
末期王朝時代、ルーヴル
美術館 [E3099]

　メヒト魚を頭上にいただく姿であらわされることがありました。神殿には、メヒト魚の銅像やミイラが納められたのです。メヒト魚のその形から、ギリシア名をレピドタス（コイ科のバルブス）という魚が考えられます。

テトロドン・ファハカ
ナイル水系のチャド湖でも棲息しています。
［1969 年、チャド共和国）

　ナイルには淡水にすむフグもいました。テトロドン・ファハカという学名があります。
　この魚のヒエログリフは、**不満を示す、怒る、不満、怒り**〈シェペト〉という単語でもちいられています。釣りあげたフグが大きく腹をふくらませるようすは、人が不満気に頬をふくらませるのと似ているからなのでしょうか。

テトロドン・ファハカ

昆虫、節足動物
　スカラベとよばれるフンコロガシの一種が神聖視されていました。古代エ

スカラベ

ジプトのデザインを代表するひとつと言えるほど壁画や工芸品、印鑑の装飾など、さまざまなものにスカラベの装飾を見ることができます。

フンコロガシの幼虫は動物のフンを餌にして育ちます。そのために成虫は、地面に掘った巣にフンを持ち帰る際、ボールのように丸め、転がして運ぶという習性があります。

このフン球から幼虫がふ化し、成虫となって穴から出てくるようすは、何もない地面から生命が誕生するように見えたのでしょう、創造神**ケプリ**として崇拝の対象としていました。〈ケペル〉とあらわします。この文字、1文字だけでは**出現**を意味する文字として使われています。

スカラベのペンダント
トゥトアンクアメン王墓から出土したもののひとつで、「ネブケペルウラー」の王名をデザインしたものです。スカラベが地中から太陽を持ち上げて再生する場面の表現でもあります。加えて、太陽の部分は右下のように永久〈ネヘフ〉を意味する単語にもなっているのです。
新王国時代第18王朝、前1340年頃、カイロ・エジプト博物館 [JE 61978]

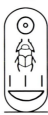

ネヘフ

太陽を支えるスカラベ
天の女神ヌトから誕生した太陽をスカラベが支え、待機する太陽の舟にのせるのです。中央の臨月の女性の詳細なイメージは右の下書きオストラコンからわかります。子どもをあらわすヒエログリフが書かれています。
新王国時代第20王朝、前1150年頃、ラメセス6世王墓（ルクソール西岸）

妊婦のオストラコン　新王国時代
カイロ・エジプト博物館 [JE25075]

第 2 章　自然のめぐみに祈る

　また、フンを転がす習性は、日毎、太陽を天空に出現させる力につながるものと考えられ、フンコロガシが太陽を持ち上げるイメージで壁画にあらわされていることがあります。さらに地平線から昇る「日の出の太陽」と同一視され、しばしば来世を航行する太陽の舟や太陽円盤などに、羽を広げた姿で描かれています。

　石彫やファイアンス（陶製）で指輪型の印鑑としても使用されました。腹側にヒエログリフや模様が彫られ、粘土で封印した壺の口や墓の入口などには、このスカラベの印鑑が捺されるのでした。

　新王国時代第18王朝のアメンヘテプ3世は、数センチほどのスカラベの腹側に、自身の婚姻についてや、妻の故郷での湖の造営、ライオン狩りをしたことなどについての記録も残しています。

　さらにこのスカラベの像は心臓を守る護符とされました。ミイラは内臓のすべてを体内からとりだしてしまいますが、心臓だけは来世でも再生復活に必要な器官として残されました。スカラベはこの心臓を守るものとして、あるいは心臓の代わりに働くものとしてミイラの体内に入れられたのです。「心臓スカラベ」とよばれています。それゆえ、来世のオシリス神による「死者の裁判」において、真実のマアトの羽根と死者の心臓が秤にかけられたとき、

ケプリ神　太陽神のひとつの姿として、聖舟の中心にあることが記されています。
新王国時代第19王朝、前1260年頃、ネフェルタリ王妃墓（ルクソール西岸）

スカラベの指輪
ルーヴル美術館

ファイアンス製の指輪　反対面にはトトメス1世の名前が彫られています。　新王国時代第18王朝、前1520年頃
　　　　　　　[AF6945]

王妃ティイの指輪　アメンヘテプ3世の王妃の名前が彫られています。
新王国時代第18王朝、前1400年頃　[E64]

よい結果がでるようにと祈って、スカラベの腹側にはしばしば「私の心臓よ。私に不利な証人とはなってくれるな」という『死者の書』第30章の一部がきざまれることもありました。

心臓スカラベ
『死者の書』30章bがきざまれています。
第2中間期、バイエルン州立エジプト美術博物館（ミュンヘン）[ÄS763、ÄS1152]

人がハチミツを採るようになったのは、太古からのことでした。緑地の広がる下エジプトでは、旧石器時代からミツバチが飼われていたようです。栄養価が高い、貴重な食べ物であることは経験から知られていたのでしょう。

下エジプト王の象徴のひとつとされ、**上下エジプト王名**〈ネスウ・ビト〉には、上エジプト王を象徴するスゲ（菅）とともにあらわされています。

養蜂家 土器を積み重ねてミツバチに巣をつくらせていたようすがわかります。
末期王朝時代第26王朝、前650年頃、パバサの墓（ルクソール西岸）

供物に見られるハチの巣
肉、ブドウ、スイレンとともに、蜜の詰まったハチの巣が見られます。その上では香油が注がれています。
新王国時代第19王朝、前1250年頃、ウセルハトの墓（ルクソール西岸）

第 2 章　自然のめぐみに祈る

　ハチミツはまた、食料としてだけではなく、膏薬などの医薬品としてももちいられました。**ミツバチ**は〈ビト〉、**ハチミツ**もまた〈ビト〉と発音しますが、ハチミツを入れる壺が意味の決定にかかわっていることがわかります。

　ハチミツはミツバチに長細い筒の中に巣をつくらせて飼い、蜜がたまったところで煙でいぶしてハチを追い出し、壺に移すという方法で集められました。また、花を求めて転地し、蜜を集めることもされていたようです。

ロータス形杖頭の装飾
イシス女神とセルケト女神が習合した形であらわされています。
末期王朝時代、レーマー・ペリツェウス博物館（ヒルデスハイム）[L/Sch633]

セルケト女神
新王国時代第 19 王朝、前 1260 年頃、ネフェルタリ王妃墓（ルクソール西岸）

　サソリも重要な神のひとつでした。統一王朝以前の王に、サソリの文字を名にする王もありました。〈ウェハァト〉とあらわしました。一般的には、死者の守護女神のひとつとして、サソリを頭上にいただく女性の姿、**セルケト女神**としてあらわされました。〈セルケト〉といいます。木陰の石に腰掛けたとたんに刺され

北と南の異民族を踏みつけるトゥトアンクアメンのスフィンクス　新王国時代第 18 王朝、前 1340 年頃、カイロ・エジプト博物館 [JE61467]

グリフィン 通称「2頭のイヌのパレット」とよばれている化粧板の一部。
先王朝時代、前3300年頃、アシュモリアン博物館（オックスフォード）[E3924]

[右] グリフィンに化身した王が異民族を踏む腰布のデザインとして彫られています。
プトレマイオス時代、ハトホル神殿（デンデラ）

るなど、命が失われるほどの危険は少ないものの痛い思いをします。この威力を守護の力になるよう願って神格化したのでしょう。

空想上の動物

　古代エジプト人は、自然環境のさまざまなところに神性を見出し、神格化してきました。それで考え出された半人半獣の神々も、想像上のものですが、それとは別に、動物そのものが空想によるものと思われるものもありました。
　その代表的なものがスフィンクスでしょうか。人頭のライオン、羊頭のライオン、ハヤブサ頭のライオンなどがあり、守護するもの、異民族を討伐する姿であらわされます。**スフィンクス**は〈シェセプウ〉とあらわし、「似姿」という意味もあります。
　羽根をもった猛獣**グリフィン**〈アケク〉、〈セフェル〉も古く、先王朝時代の遺物に、すでにグリフィンと思われる姿があらわされています。メソポタミア地方の文化は、古くから

首の長いネコ科動物　ナルメル王の奉納化粧板（パレット）の一部。　初期王朝時代第1王朝、前3100年頃、カイロ・エジプト博物館[JE32169]

第 2 章　自然のめぐみに祈る

受け入れられ、初期のエジプト文化の形成に少なからず影響していたのです。

同じようにメソポタミア起源のものに、**首の長いネコ科動物**（牝ライオン？）があります。〈マァフェデト〉または〈セジャア〉ともあらわしました。初期王朝時代には、首の長いネコ科動物を2頭、左右対称に配置し、その動きを制御するようにあらわしているようすは、上下エジプトの2国を治めることの象徴とされていました。国の化身のような存在と考えていたのかもしれません。

怪獣のイメージは、または〈ヒィウ〉などとあらわしていたようです。西欧では

［左］グリフィン、［右］首の長い獣
中王国時代第12王朝、前2000年頃、ケティの墓（ベニ＝ハッサン）

頭が鳥で、尾がスイレンの獣
首輪をして、この動物を飼っていたかのようにあらわしています。中王国時代第12王朝、前2000年頃、ケティの墓（ベニ＝ハッサン）

愚鈍なイメージで語られることが多いロバが、恐ろしいもの、怖いものを意味する単語にもちいられているのはどうしたわけでしょうか？　ロバは、古くから乗用、荷物運びなどに使われてきた非常に有用な家畜でしたが、御しがたい一面があり、明け方などに甲高い鳴き声で眠りを妨げることがあります。不意に人を驚かせたりするので、恐ろしい、怖いイメージと結びつけられたのでしょうか。

古代エジプト時代の荒ぶる神セトがロバからイメージされたものではないかという説もあります。ロバは〈アア〉とあらわしますが、ときにセトの文字を使ってとあらわすこともあります。

2. 植物について

おもな植物と神々

　神の化身としての樹木、果樹、穀物など、貴族の墓をはじめとして植物も数多く描かれています。

　◊は「樹木」に関係する単語にもちいられる文字です。

　一般的に木という場合は〓◊〈ネヘト〉とあらわします。これはまた果樹の「シカモア・イチジク」のことであるように、古代エジプト人にとって、イチジクの木がもっとも身近な樹木のひとつで、大切な木だったということでしょう。腐りにくく耐久性が強いことから、材木としても有用で、家具や棺などに加工されていました。王朝時代初期には栽培もはじまっていたようです。

　エジプトのイチジクには2種類あります。英語でfig〈フィグ〉と書かれるものとSycamore〈シカモア〉と書かれるものです。

　古代にもこれらの区別はあり、フィグのほうは私たちが夏の果物として親しみのあるもので、葉には2～4箇所に切れ込みがあるのが特徴です。この種類は現在でも地中海沿岸でたくさん栽培されています。

　フィグの実は〈ダアブウ〉とあらわされました。甘い実の季節はちょうどナイルの増水季にあたり、農作物の収穫

フィグを収穫する
飼っていたサルをのぼらせて、収穫を手伝わせていたようすがうかがえます。
中王国時代第12王朝、前1900年頃、クヌムヘテプ2世の墓（ベニ＝ハッサン）

第 2 章　自然のめぐみに祈る

シカモア姿のヌト女神
渇くないよう、飢えることのないようにとの願いがあらわされています。新王国時代第 19 王朝、前 1200 年頃、センネジェムの墓（ルクソール西岸）

が少なくなるときであり、それでいて神殿建設などの公共事業がさかんにおこなわれる時期ですから、この甘味は庶民にとってはありがたかったでしょう。干して保存することもできました。

　シカモアのほうは幹に実がつき、葉に切れ込みはありません。中身は私たちのいうイチジクの実よりも小さく、未熟なものに見えますが、果肉はしまって強い甘味があります。この実は〈カウ〉とあらわされました。シカモア・イチジクのほうは上エジプトで野生の状態で目にすることができます。

　シカモアのほうは、実をつけている時期が長いことが特徴です。いっせいに熟すのではなく、少しずつ赤く熟していき、少し間をおけば食べ頃になった実が得られるので、とても重宝な果樹だったのです。サバンナでは、このシカモアは多くの生物の糧となっており、そこに集まる小動物があって肉食獣や猛禽類も集まるというように、食物連鎖の柱のような役目をになっていることも観察されています。太古から人類も糧としてきたことがうかがえる樹のひとつです。

　そうしてかかわってきたイチジクの木は、恵みをもたらせてくれるヌト、イシス、ハトホルなどの女神の化身とみなされていました。イチジクの木と女神が同化しているようにあらわされたり、イチジクの木から腕がのび、水

シカモアから乳をもらうトトメス3世
新王国時代第18王朝、前1470年頃、トトメス3世王墓（ルクソール西岸）

太陽神出現のイメージ
2本の青い樹の間から、仔ウシの姿で太陽神があらわれるようすがあらわされています。それは、天空に昇ってハヤブサ姿の太陽神ラー・ホルアクティ・アトゥムとなります。天空で輝く太陽にはウラエウス・コブラが描かれています。新王国時代第19王朝、前1200年頃、センネジェムの墓（ルクソール西岸）

や食べ物を与えたりしている場面が描かれています。また木に乳房が描き加えられ、人に乳を与えている場面もあります。おそらく、イチジクの果実の形が乳首に似て、果実をもぎとったあとの断面からは白い乳のような樹液がにじみ出てくるので乳を出す木、その果実は甘く、たくさんつけるので食物を与えてくれる木、などと考えられたのでしょう。

また『死者の書』第109章には、「トルコ石のように青い樹が天の東の門に2本あり、太陽神ラーはいつの日もここから出現する。そしてここが楽園への入口なのだ」という内容が記されています。「青い」というのは、イチジクの樹皮が緑がかった白だからと考えられます。

宗教文書などに記述のある**イシェドの木**〈イシェデト〉もあります。**広葉樹**のことを〈イシェド〉とあらわし、その果実をあらわす単語（p.124）もありますから、果実を実らせる広葉樹の一種であることは確かでしょうが、具体的に何の木かは明らかになっていません。太陽の再生、出現に関係すると考えられ、『死者の書』などのさし絵に描かれたものでは青白

第 2 章　自然のめぐみに祈る

く彩色されて、イチジクをイメージしたのではないかと思えるものもありますが、スケッチしたというよりは表現が様式化されてしまっているので樹木の種類を特定することが難しいのです。Balanites aegyptiaca、Myrobalanen（Terminalia）などの種類ではないかとの説もあります。

　しばしば、神殿の浮彫りのひとつに、王が広葉樹を背にして腰掛け、そのうしろで時間、記録をつかさどるジェフティ（トト）神、あるいはその妻にあたるセシャト女神が、その木の実に王の名前を記している場面があります。〈シュワブ〉ま

イシェドの樹のもとでくつろぐ夫妻　この幸せな時間が永遠に続くことをイシェドの樹に願ったのでしょう。市長の役にあった彼は、権力の象徴であるセケム杖を持ち、スイレンの芳香を楽しんでいます。
新王国時代第18王朝、前1420年頃、センネフェルの墓（ルクソール西岸）

シュワブ（ペルセア）の樹にセティ1世の名を記すジェフティ神
ジェフティ神の前では、アメン神を拝する王がひざまずいています。
新王国時代第19王朝、前1290年頃、カルナク神殿（ルクソール西岸）

Mimusops の樹と果実
実はカルトゥーシュ型の名前を記しやすそうな形をしています。

たは▱〈シュウブ〉の木、ギリシア語で**ペルセアの木**とよばれました。Mimusopsという種類で、小さなダイダイ色の果実を実らせます。古代エジプト人にとっては「生命の木」だったようです。また、太陽神ラーはシュワブの木と関係が深く、『死者の書』(第17章)には、太陽神の聖地イウヌゥ(ヘリオポリス)にあるシュワブの木のそばで、太陽神ラーの復活を妨げようとする大蛇アアペプ(邪悪なことの象徴)を、太陽神の守護神、あるいは太陽神の化身と信じられた偉大な聖猫が斬り殺すと記されています(p.65)。またその果実は、ホルス神の聖なる心臓を象徴するものとも考えられていたのです。

　エジプト人にとって大切な果樹としては、ナツメヤシもあります。エジプトの風景を代表する木ですね。8月半ばすぎには暗紅色や鬱金(うこん)に色づいた実をたわわに実らせます。**ナツメヤシ**をあらわしたヒエログリフも実のつ

ナツメヤシ
の樹と果実

ドウムヤシ
の樹と果実

ナツメヤシ、シカモア、ドウムヤシ
水辺に有用な果樹が植えられている環境が理想だったのでしょう。来世の楽園、イアル野を描いた一部です。
新王国時代第19王朝、前1200年頃、センネジェムの墓(ルクソール西岸)

第2章　自然のめぐみに祈る

いたようすをあらわしています。〈ベネレト〉です。

ナツメヤシの実は甘く熟し、やわらかくなったものをそのまま食べることもしますが、多くは干して、1年を通して利用できる保存食とします。干すことによってさらに甘味が増し、高カロリーで労働には欠かせない貴重な食糧だったのです。〈ベネレト〉とあらわします。**甘い**〈ベネル〉と同根にありますから、古代の甘味を代表するものだったということです。ちなみに**塩**は、〈ヘマァイト〉です。

ナツメヤシのワインは〈ベネレト〉、〈ベニィウ〉、**ナツメヤシの実を加えた甘いケーキ**は〈ベネレト〉です。

今日では上エジプトの風景の一部になっているサトウキビ、またはサトウダイコンが甘味料の原料となっていますが、これは近代になって持ち込まれた栽培植物です。

ナツメヤシの木は、建築資材としても使われました。表皮をはぐとあらい繊維質の木部があらわれ、日干レンガでつくる家の梁など、泥のつなぎとなじみやすい性質から多用されていたようです。また、その大きな葉も天井をふく材料として利用していました。これは今日でも見られます。

太古からナツメヤシの、葉を落とした葉柄は、歴史記録に利用されていたと考えられます。時間や記録をつかさどるジェフティ（トト）神、その妻セシャト女神、100万年（永遠）の象徴ヘフ神が、しばしば手にしています。葉を落とした部分に何らかのしるしをつけ、その刻みを記憶による記録を確

レンペト杖をもつセシャト女神
王位更新祭〈ヘブ・セド〉を意味するヒエログリフ、その下に100万〈ヘフ〉、永遠のシンボル〈シェヌウ〉などが記され、永遠に王位が続くようにとの願いが込められています。
新王国時代第20王朝、前1170年頃、ラメセス3世葬祭殿（ルクソール西岸）

ザクロ
新王国時代
第19王朝
前1250年頃
大英博物館
[EA35962-35965]

かなものにしていたのでしょう。**年**をあらわす〈レンペト〉はナツメヤシの葉柄のヒエログリフです。

若い〈レンピィ〉という意味の単語にももちいられています。

同じヤシの仲間に、ドウムヤシとよばれるシュロがあり、これも実をつけているようすが壁画にあらわされています。種を包む果肉は乾燥させて粉にし、水に溶くと甘いジュースになりますが、甘味としてはナツメヤシのほうが好まれていたようです。

ほかに果樹では、**ザクロ**〈イネヘメン〉がありました。ルビー色の果実は生命力の色であり、その果実がたくさん詰まったようすから「多産」「豊饒」につながるものとして、女性のアクセサリーの意匠などにされることもありました。

ザクロの実の意匠に似たものに、鶏卵大～こぶし大のケシの実（ケシ坊主）もあります。エジプトには、第2中間期にヒクソスによって、あるいは新王国時代のはじまり前後に西アジアから鎮痛効果のある薬草として伝わったようです。花もあでやかですから、私邸、宮殿などの庭に植えられたりしていました。

沙漠に近くなると見かける**イバラ**は、〈ネベス〉とあらわします。

良質で大きな木材は輸入に頼らなければなりませんでした。古くから、今日のレバノン山脈を中心にした地域は、レバノンスギ（マツ科）の森があ

レバノンスギ
[レバノン普通切手]

レバノンスギ

第 2 章　自然のめぐみに祈る

アッシリアによるレバノンスギの運搬
フェニキア（レバノン）の港ビブロスには大量の木材が集められ、各地に運ばれていったのです。
水上輸送のほうが労力が少なくてすみますし、水に沈めることで余分な樹脂が排され、良質の木材が得られるのです。
前8世紀
ルーヴル美術館
[AO 19888]

ることで知られ、エジプトだけでなく、メソポタミア地方からもレバノンスギを求めて、その積み出し港のあったビブロスには多くの人びとが集まってきていました。**ビブロス**は 〰〰 または 〰〰〈ケベニィ（ケベン）〉です。

レバノンスギは 〰〰〈アシュ〉とあらわされています。分泌物をあらわす文字 〰 があるのは、香の高い樹液（ヤニ）が出るからでしょう。「スギ」と名前にありますがマツ科で、和名で「香柏」と表記されることもあります。巨木は大型船や棺、神殿の扉、神具などに大量に利用されました。レバノンスギの森には、エジプトからだけでなくアッシリアなどユーフラテス地方からも伐採に来ていました。その後のギリシア時代、ローマ時代を通じても乱伐が続き、今日では絶滅が危惧されているほど自生地は小さくなってしまっています。〈アシュ〉はレバノンスギだけでなく、同じようなマツやモミなどの針葉樹をも指すものだったようです。

　とくに興味深いのは、**大型の海洋船**のことは 〰〰〈ケベネト〉とあらわしたことです。「ビブロスもの」ということですから、その遺跡は発見されていませんが、ビブロスにはエジプトの造船所が設けられており、船については現地で造って輸入していたことが考えられます。のちにフェニキア人が造船、操船技術で地中海世界を席巻したのには、そうした下地があったか

スイレンの花束を受ける夫妻
盛装した夫妻がスイレンの芳香を楽しんでいます。
新王国時代第18王朝、前1420年頃、メンナの墓（ルクソール西岸）

エジプト固有の青い花をつける**スイレン**（スイレン科）の花をあらわした文字で、〈セシェン〉となります。一般的には**ロータス**とよばれています。

スイレンは上エジプトを象徴するもののひとつとして、壁画や彫刻、工芸品などさまざまなところで目にすることができます。

また、宴会の場面では女性がスイレンを髪飾りにしているようすが描かれているように、甘い香りがする清楚な印象の花で女性の顔が引き立ち、当時、もっとも人気がありました。

スイレンは夜明けとともに花が開きはじめ、夕方には花を閉じて水中にもどります。そして翌朝また開くということを数日繰り返します。このことから漢字でも「睡蓮」（睡るハス）としているように、人びとは、太陽の出現をイメージする象徴のひとつ、太陽の象徴、創造の象徴としたのです。スイレンは神格化され、その神の姿はスイレンの花を頭に咲かせた**ネフェルテム神** 〈ネフェルテム〉（「すべてが美しい」という意味）としてあらわされたのです。

トゥトアンクアメンの遺物のなかに、スイレンの花の上に王の頭がのっているものがあります。これは

青スイレン

白スイレン
（ヨザキスイレン）

第 2 章　自然のめぐみに祈る

天地創造のときに原初の水からあらわれて最初に咲いた花がスイレンだったという神話によるもので、太陽もそのときに生まれたとされていることから、王も太陽と同じように、朝になると新たな生命を得て清新なものとして復活することをイメージしたのでしょう。

　もう一種類のスイレンは、白いスイレンです。和名をヨザキスイレン、あるいはエジプトスイレンといいます。青いスイレンとは違って夕方から夜の間に開花し、午前中に花を閉じるので「夜咲き」の和名があるのです。

　昼の世界と夜の世界を別のものと考えていたエジプト人にとっては、夜の世界に向かって開くスイレンがあることは理想とする現象だったことでしょう。月明かりに照らされたナイル、白みはじめた早朝のナイルに清楚な白い花を咲かせているヨザキスイレンにも、神秘的なイメージを抱いていたのでした。

　宴会などの場面で、スイレンの花が欠かせなかったのは、気分を和らげ、歓楽の雰囲気をかもしてくれるからです。それと同

ネフェルテム神
新王国時代第 18 王朝、前 1320 年頃、ロイの墓（ルクソール西岸）

スイレンからあらわれたトゥトアンクアメン　スイレンは原初の丘から生えているイメージです。　新王国時代第 18 王朝、前 1340 年頃、カイロ・エジプト博物館 [JE60723]

マンドレイクを楽しむ女性たち
盛装して宴会にのぞむ女性たちの楽しみのひとつがマンドレイクだったようです。女性同士がマンドレイクをやり取りする場面が宴会の場面などにしばしば描かれています。　新王国時代第 18 王朝、前 1350 年頃、大英博物館 [EA37986]

マンドレイク

じような目的で口にされたものにナス科の**マンドレイク（マンドラゴラ）**があります。〈レレメト〉といいました。根茎には神経毒があり、幻覚、幻聴を引き起こし、死亡する危険性があるために「根を引き抜くと叫び声をあげる」などの戒める伝説が残れたのでしょう。根茎ほどではありませんが、黄色い卵形の実にも弱いながらも神経毒があり、媚薬、幻覚を楽しんだのでしょう。

　エジプト人がスイレンと対(つい)で重要視していたものにパピルスがあります。パピルスは和名をカミガヤツリといい、パピルス紙の原料としても古代エジプト人にとっては大切な植物のひとつでした。王朝時代末期には、貴重な筆記用具として広く地中海世界に輸出されていました。**エジプト王**のことは、または〈ペル・アア〉とあらわしました。そしてパピルスはその王が管理する輸出品だったので、**王のもの**という意味から、英語のThe にあたる定冠詞をつけて〈パ　ペル・アア〉、それがギリシア語を経て転訛し、papyrus「パピルス」とよばれるようになったのです。

シペルス・パピルス

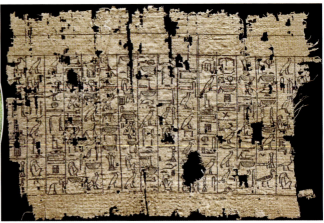
ピラミッド・テキスト第690章　裏、表を利用することは珍しくなく、この裏面には第217章が書かれています。
中王国時代第12王朝、イムヘテプ博物館（サッカラ）[SCA359 (T2147)]

第2章 自然のめぐみに祈る

　ちなみに、現在のエジプト人たちは「パピロス」、ただしエジプト人にはpの発音ができない人が多いので「バパイロス」とよんでいます。フェニキアの首都ビブロスの語源がパピルスにあるというのは、エジプトからギリシアに向けたパピルス紙の輸出港としてさかえていたからです。さらにこのビブロス（パピルス）が書物のことを意味するようになり、バイブル The Bible『聖書』へとつながっていくのです。

　さて、そのパピルスは、今日のエジプトでは自然の状態のものを見ることはできません。パピルス紙の製造はイスラーム時代まで続いていましたが、治水、灌漑による環境の変化、乱獲によって数を減らしたうえ、気候の変化によって植生が変わり、生育できなくなったといわれています。現在は観光産業のひとつとして古代の製法が研究され、大量生産されるようになった

パピルスとロータスを供物として捧げる
新王国時代第18王朝、前1420年頃、メンナの墓（ルクソール西岸）

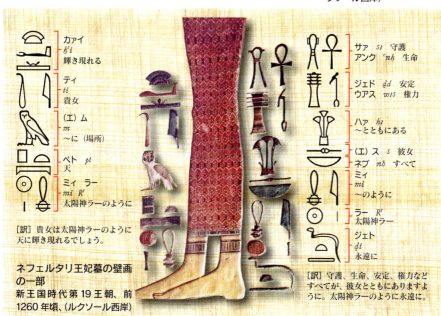

[訳] 貴女は太陽神ラーのように天に輝き現れるでしょう。

ネフェルタリ王妃墓の壁画の一部
新王国時代第19王朝、前1260年頃、（ルクソール西岸）

[訳] 守護、生命、安定、権力などすべてが、彼女とともにありますように。太陽神ラーのように永遠に。

のです。

この文字はパピルスまたは下エジプトを意味します。**パピルス**（植物）〈メヒイト〉、**下エジプト**〈メフウ〉、または、**下エジプト**〈ター・メフウ〉とあらわします。**沼沢地**（デルタ地帯の）〈イデフウ〉のように「湿地」の意味にも関係します。壁画などでは、何本かのパピルスはそのままパピルスの生い茂った広大な沼沢地をあらわすことがあります。

この文字は〈ハァ〉と読んで**〜の背後にあるもの**を意味し、神や王、王妃の背後で「守護」「喜び」「安定」などの文字とともに書かれて、そうした加護が**ともにありますように**とあらわされることもあります（前ページ）。

パピルスの茎の文字の意匠は護符にされ、〈ウアジュ〉**繁栄、喜び、若さ**を象徴するものとして大切にされていました。ハトホル女神、バステト女神、ネイト女神など、女神のもつ杖の意匠や神殿、家屋の柱のデザインにもされています（p.125）。

アシ（葦）の穂3本（複数、習合した状態をあらわす）が、立っているようすが描かれています。**緑豊かな耕地、野原**〈セケト〉、そこを開墾するなどして働く**農夫**〈セケティ〉などの語になります。この文字から私たちがイメージするのはアシが銀色の穂を風になびかせている野

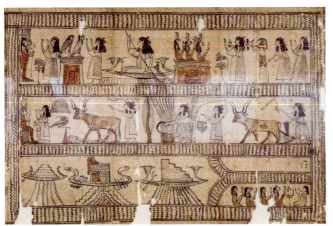

イアル野
タァルウジュの死者の書の一場面。水路がめぐらされた土地が表現されています。その地に入った死者は、神々に挨拶をし、畑を耕し、播種、刈り取り、脱穀までの仕事をしながら、幸福に暮らすと信じられていました。イアル野では現世の身分に関係なく働くのでした。
プトレマイオス朝時代、前4〜3世紀、新エジプト博物館（ベルリン）[P3088]

第 2 章　自然のめぐみに祈る

原でしょうか。古代エジプト人にとっての野原はパピルスやアシが生い茂る土地というイメージだったのでしょうね。

　そうした水辺の野原では、ワニが潜んでいるなどの危険がありました。そうした危険から守護してくれると信じられていたのが、野原を擬人化したセケト女神で、頭上に 〰〰〰 のヒエログリフをいただいた姿で、しばしばナイルの神ハピとともにあらわされました。

　ちなみに古代エジプト人が考えていた来世の理想郷は
イアル野〈セケト・イアルウ〉といわれ、水路がめぐらされた豊かな農地のある世界だったようです。

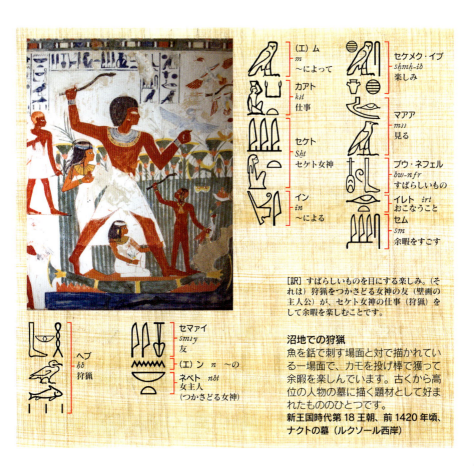

[訳] すばらしいものを目にする楽しみ。（それは）狩猟をつかさどる女神の友（壁画の主人公）が、セケト女神の仕事（狩猟）をして余暇を楽しむことです。

沼地での狩猟
魚を銛で刺す場面と対で描かれている一場面で、カモを投げ棒で獲って余暇を楽しんでいます。古くから高位の人物の墓に描く題材として好まれたもののひとつです。
新王国時代第 18 王朝、前 1420 年頃、ナクトの墓（ルクソール西岸）

3. 自然からいただく恵み

農耕

　当時の**農夫**は王や貴族、役人が所有する土地で農業をいとなむ小作農でした。〈セケテイ〉とあらわします。ナイルの増水が終わるといっせいに耕し、種を播きました。コムギ、亜麻、野菜類、果物を育て、収穫し、神殿などの穀物倉庫に納めるという作業をしていました。

　はムギや亜麻などを刈るときにもちいる鎌をあらわした文字です。**鎌**そのものをあらわす語は〈カアブ〉または〈アセク〉となります。**刈る**〈アセク〉という動詞にもなります。

　この文字がもっともよく使われるのは〈マア〉と発音する単語においてです。**正しい、本当の**〈マア〉、**真理、秩序、正義**〈マアト〉という表音文字としてです。

第2章 自然のめぐみに祈る

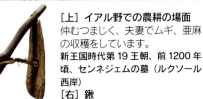

[上] イアル野での農耕の場面
仲むつまじく、夫妻でムギ、亜麻の収穫をしています。
新王国時代第19王朝、前1200年頃、センネジェムの墓（ルクソール西岸）
[右] 鋤
ルーヴル美術館 [E19184]

[上、右] 農耕
溜池が設けられ、あぜ道がめぐる耕地で田を耕し、種もみを播くようすがあらわされています。木陰には弁当、飲み物が用意されています。　新王国時代第18王朝、前1420年頃、ナクトの墓（ルクソール西岸）

茎レタス（ステムレタス）の収穫
第5王朝、前2400年頃、新エジプト博物館（ベルリン）
[ÄM31198]

ロータス（スイレン）の収穫
第5王朝、前2400年頃、新エジプト博物館（ベルリン）
[ÄM31198]

検地
役人が畑の大きさを測り、国に収める収量を決めていたのでした。少しでも減税を期待してか、それとも純粋にお礼としてなのかは定かではありませんが、この畑の持ち主と思われる夫妻が贈り物を差し出しています。
新王国時代第18王朝、前1420年頃、ナクトの墓（ルクソール西岸）

[上] **風選** 実入りの悪い穀物やくずを飛ばしています。
新王国時代第18王朝、前1420年頃、ナクトの墓（ルクソール西岸）

[左] **測量の標石** 畑の境界に設けられていました。 新王国時代第18王朝、前1350年頃、大英博物館 [EA37982]

第 2 章　自然のめぐみに祈る

畑を耕すための鋤をあらわした文字です。
鋤は〈ケベセト〉、
耕す〈ケベス〉、
耕す〈バア〉などの語
があります。

大地を耕すという行為はある種の宗教的な意味がありました。ナイルの増水のあとの肥えた土地に種をまくことは、穀物の再生復活

穀物の収量を記録する書記　「山」のように積まれたムギを表現するために、ヒエログリフで山を意味する〈ジュウ〉の形であらわされています。　新王国時代第 18 王朝、前 1420 年頃、ナクトの墓（ルクソール西岸）

＝オシリスの再生復活につながるものと考えられていました。畑に種をまくことは「生殖」の象徴であり、そのために土地を耕すこと、そしてその道具は再生、復活につながる大切な道具であったと考えられます。この文字は、表音文字〈メル〉として**愛する**を意味するときにもちいられていることがとても多いのです。

鋤の文字です。**鋤**〈ヘブ〉、**耕す**〈セカア〉、**種、果実**〈ペレト〉など、農作業に関連した単語に使われます。

枡から穀粒がこぼれ落ちるようすをあらわしたものです。p.123 のムギ類の語をはじめ、**穀物**〈セシェルウ〉を意味する文字として働きます。ちなみに〈セシェルウ〉と同音で**亜麻布**、**物事や行動**（たとえば、**実りある方法**〈セシェルウ　マアア〉、**よい状態で〜**〈ミィ　セシェルウ〉）があります。

穀物の枡の文字はそのまま、**穀物ばかり（枡）**〈ヘカアト〉、**量る、計る**〈カアイ〉という語にももちいられます。日本でも、かつては、米は重さではなく、一合、一升 (10 合)、一斗 (10 升)、一石 (10 斗) と、枡ではかった単位であらわされていたことに似てい

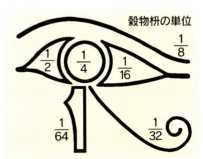

穀物枡の単位
$\frac{1}{2}$　$\frac{1}{4}$　$\frac{1}{16}$　$\frac{1}{8}$　$\frac{1}{64}$　$\frac{1}{32}$

ます。ところで、1ヘカアトの 1/2＝◁、1/4＝〇、1/8＝⌒、1/16＝▷、1/32＝⌒、1/64＝│とあらわします。そして、これらの文字を組み合わせると、前ページのようにホルスの完全なる眼「ウジャト」になります。これらの数字の合計では 64 分の 1 が足りないのですが、これは組み合わせることでおぎなわれると考えられていたのです。

ハトを食べる王女 クッションに座った王女が、食卓を前に食事をしているという珍しい場面です。
新王国時代第 18 王朝、前 1350 年頃、カイロ・エジプト博物館 [JE48035]

食と食材

食べるは 𓏏𓏤𓂝𓀁 または 𓅱𓈖𓅓𓀁〈ウェネム〉とあらわします。日々の食べ物、捧げ物にする食べ物など、人びとにとって、もっとも関心が深かったもののひとつでしょう。

𓊠 植物の根をあらわしたもので、「甘い」という意味にかかわります。根菜のひとつと考えられますが、何の根をあらわしたものなのかはわかっていません。**甘い** 𓊠𓈖𓂋𓏲〈ベネル〉です。ちなみに、当時食べられていた根菜にはダイコン（ラディッシュ）、リーキ、パピルスの根、ニンニクなどがありました。

愛娘 𓇳𓊠𓈖𓏏〈サァト　ベネレト〉、**愛らしい、魅力的な** 𓊠𓈖𓂋𓏲𓏏〈ベネル　メルウト〉、**何とすばらしい彼の愛！** 𓊠𓈖𓅱𓏭〈ベネルウイ　メレト・（エ）フ〉というように、愛情を甘いものとして表現するのは同じだったのですね。

𓊠 スイレンの根です。花は鑑賞用として、装身具としても人気があり、ナイルの岸辺から王族や貴族の私邸の中庭に移植され、親しまれていました。**育てる** 𓂋𓂧〈レド〉、**育てる、植える** 𓋴𓂋𓂧〈セレド〉という単語にかかわっているのも、根を移植して殖やすことなど、彼らが経験から得ていた知

第 2 章　自然のめぐみに祈る

恵を文字や言葉に反映させたものと考えられます。パピルスも株分けをして殖やしていました。

🌾 エンマーコムギの穂です。**エンマーコムギ**は 𓆰𓏥〈ベデト〉または 𓆰𓈖〈ベティ〉とあらわします。これに対して、**コムギ**は 𓅓𓏥〈スウト〉、**オオムギ**は 𓏥𓈖〈イト〉とあらわします。

△ 穀物の山をあらわしたもので、𓊪𓉔〈アハア〉（穀物の）**山**、**堆積**、**量**、**財産**という単語があります。

エンマー・コムギ
前 8000 年頃、現在のトルコ東部で栽培がはじまり、オリエント地方に広がったとされています。現在パスタの原料として使用されているデュラム小麦（前 1000 年頃に分化）と遺伝的に近い二粒系です。

日本では「加賀百万石」とあるように、「石（こく）」という米の量が武士の知行高の基準でしたし、近年までは、賃金が米で支払われることもありました。物々交換で商品を得るという古代エジプトでも、主食の穀物をたくさん得ることが財産を増やすという感覚だったのでしょう。

🍇 ブドウ棚をやや遠い位置からみたようにあらわされています。**ブドウ**は 𓇋𓂋𓂋𓏏〈イレレト〉または 𓇋𓄿𓂋𓂋𓏏〈イアレレト〉とあらわしました。また、果物そのものの意味を決定することから、果物を代表するもの

ワイン造り　ブドウ棚から収穫したブドウを槽（ふね）で踏みつぶし、果汁を壺に集め、醸造しました。作業には白髪頭で少し下腹の出た年配の人物も加わっていたことが描かれています。
新王国時代第 18 王朝、前 1420 年頃、ナクトの墓（ルクソール西岸）

ブドウ踏みの槽 右上奥でブドウを踏むと、ライオン頭の口を通って中央の槽に貯まるようになっていました。　プトレマイオス朝時代、アレクサンドリア

ワイン壺 封にはトゥトアンクアメンの名前が捺されています。「西の川のアテンの家」という農地のザクロで、治世4年、カーイとう名の生産者による良質のワインが詰められたと記されています。
新王国時代第18王朝、前1340年頃、カイロ・エジプト博物館 ［JE62305］

だったということがわかります。

　たとえば**イチジクの実**は 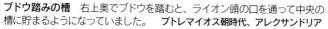〈ダアブウ〉、**イシェドの実**は〈イシェド〉とあらわします。**ワイン**はまたは〈イレプ〉です。良質のワインの名産地は下エジプトのデルタ地帯、ファイユームの耕地、カルガ・オアシスでした。古代オリエント地方でも同じようにワイン作りがさかんでしたが、エジプトの支配がおよんでいた頃にはシリア、パレスチナ地方からもワインが輸入されていたのです。

　ブドウは生食するよりも、ワインに加工されるほうが一般的でした。ワインに加工すれば長期の保存にたえるということも重宝がられた理由のひとつでしょう。カイロ南部の先王朝時代の遺跡からブドウの種が発見されており、前2800年頃の初期王朝時代からワインそのものの記録が残っています。また、古王国時代以降、多くのブドウ酒作りを題材にした壁画が墓に描かれていることからも、その親しまれ方がわかります。前1325年頃のトゥトアンクアメンの墓の副葬品からも摘んだばかりのブドウがバスケットに入れられて納められており、アラバスターの壺にはグレープ・ジュースが入って

第2章　自然のめぐみに祈る

並べられた供物　カモ、ティラピア、キュウリ、ブドウ、たまご、マンドレーク、イチジク、ひな鳥、ザクロ、ロータスなどが墓主の前に届けられました。積まれているように見えるのは、あるものすべてを見せようとする古代エジプト美術の特徴です。
新王国時代第18王朝、前1420年頃、ナクトの墓（ルクソール西岸）

いたことが化学分析からわかっています。

　ブドウは秋に熟し、穀物の種をまく前にワイン作りがおこなわれました。収穫したブドウは図にあるようにして一度男たちに踏み絞られ、その絞りかすをさらに麻袋に集めてねじるようにして絞ります。ブドウの絞り汁は石製の容器や、底のとがったアンフォーラとよばれる大型の土器に入れられ、粘土で口に封をして保存され、醸されるのでした。こうして作られたワインはほとんどが神殿や王への献上品とされ、アンフォーラの封には献上した産地（農園）、製造年、ときには製造責任者、上質かどうかまでが記されました。現在、特定の産地のワインに固有の名がつけられているように、当時も**ペルシウムのワイン**〈イレプ　セヌウ〉、**オアシス産ワイン**〈イレプ（エ）ン　ウェハァト〉などと呼び分けられていました。きっと「何年ものの、どこ産のワインがいい」などの話題が宴席などで交わされていたのでしょう。

　ブドウのほかに**ザクロワイン**〈シェデフ〉、**ナツメヤシのワイン**（p.109）なども好まれていたようです。

　その他の野菜や果物についてみていくことにしましょう。

レタス（茎レタス）は〈アブウ〉、リーキは〈イアケト〉です。一般的な豆は〈イウリィト〉、エンドウ豆は〈テヘウア〉、キュウリは〈ベネデト〉、うり（メロン）は〈シェセペト〉、タマネギはその形が棍棒に似ているからでしょう、同じ発音で〈ヘジュウ〉、スイカと思われる単語〈ベデドゥ・カア〉もありました。果樹〈ケト・ベネル〉、果実は〈ペレト〉、野菜は〈ウアジェト〉、〈セムウ〉とあらわします。

ちなみに、肉という語は肉片をあらわしたという文字が決定詞として働き、〈ハア〉または〈イウフ〉、供物用の肉は〈ウアベト〉とあらわします。

主食としてのパン、そしてビール

食べ物、食料の総称はおもにパンの文字をもちいてあらわされました。

食べる〈ウェネム〉と同根の食物〈ウェネムウ〉、飲食物、備蓄食、供物〈アアベト〉、食物（パン）〈アクゥ〉、食物〈フゥ〉、〈カァウ〉などがありました。

また、1日のなかで主要な食事は〈シェブウ〉、供物として捧げられた料理は〈フェネクウ〉、そのなかでも供物用のパンは〈パアト〉と目的別に食べ物もよび分けられていました。公共事業で働く人びとへの配給食は〈セネムウ〉、家畜や家禽のための飼料は、〈ハアト〉、〈ウェネメト〉、〈セネメト〉などと特別視されていたことがわかります。

など、食物を意味する語の決定詞としてパンの文字が多くみられますが、これは当時の主食がパンだったことのあらわれでしょう。そして、それだけ多くの種類、味の異なるパンがあったということであり、食べることに楽しみを見出していたと考えられるのです。

そして、（人に）与えるものの象徴的なものだったのでしょう、やこの形のパンを手に持ったの文字〈ディ〉は、ほとんどが与える、〜させる、など、物質を与えるだけでなく、何かをする機会に恵まれるようにしてあげ

第 2 章　自然のめぐみに祈る

パン焼き　ここでは前ページに単語がある祝祭用の供物アアベトのために、何か根茎の乾物をつぶしてムギの粉と混ぜ、パンに焼くところがあらわされています。
①は、王の業績を讃える祝祭のために根茎をつぶそうと呼びかけ合っています。
②つぶした根茎、ムギの粉をふるいにかけています。そしてこれらを混ぜ合わせます。
③ハチミツ？、油脂？などを加えて練り上げています。下ではヒエログリフにもあるような錐体に形を整えています。
④⑤油脂を加えてフライパンで焼いています。シャアト・パン（p.130）の形で用意したようです。
周囲にそのように記されています。
新王国時代第 18 王朝、前 1450 年頃、レクミラの墓（ルクソール西岸）

パン型で焼く パン焼きのための器がありました。この容器を火にかけて熱します。別にパン生地を用意し、熱くなった容器に詰め、余熱でふっくらと焼き上げるのです。使い終えた容器は掃除をし、使い回してたことが壁画からわかります。
古王国時代第18王朝、前2480年頃、ティのマスタバ（サッカラ）

るという場面でもちいられています。

　食べ物を保存する冷蔵庫などがない時代ですから、肉や魚、野菜などは一時期にたくさん手に入ってもどうにもならず、市場で他のものと交換したり、塩蔵保存できるものは乾燥させるなどして、そのときどきに応じて消費していったと思われます。干すことは 〈ウェシェル〉、それをもとに物々交換の**商売をする**ことは 〈セウェン〉、**商売、交易、対価**は 〈セウェネト〉です。エジプトの南の国境にあって内陸アフリカとの交易の地だった**エレファンティネ（アスワン）**は 〈アブウ〉といい、主たる交易品のひとつだった象牙に由来していますが、今日の「アスワン」の地名は〈セウェン〉に由来しているのです。

　さて、食糧として、小麦などの穀類は殻つきのままであれば長期の保存にたえ、必要なときに粉にひけばいつでも焼きたての美味しいパンをつくることができたのです。

　ヒエログリフのアルファベットとして〈トゥ〉の発音をする 　は**パン**をあらわした文字です。これがもっとも古くからあるパンの形のひとつだったと考えられます。ムギを粉にし、焼くことをはじめてから、それを保存しておいたり、ブドウの果汁、ハチミツやナツメヤシの干した実などを混ぜたり

第 2 章　自然のめぐみに祈る

墓の副葬品とされたパン
新王国時代第 18 王朝、前 1450 年頃、ルーヴル美術館 [E14673, 14673, 14555]

[左] 長細く切られたパン　さまざまに形を整えられるパンは、儀式、祭礼、奉納先などで異なっていたのでしょう。
古王国時代第 5 王朝、前 2400 年頃、プタハヘテプのマスタバ（サッカラ）

してみたとき、酵母菌とは知る由もありませんが、パンをふくらませる作用に気がつき、パン種を残す知恵として伝えられていったのです。

　ユダヤの「過越の祭」には、モーセがひきいるイスラエル人がエジプトからの脱出したときの苦難をいつまでも忘れないようにという意図から、パン種を入れないパンで食事をとる習慣が残っています。これはエジプトを脱出するのにパン種まで用意する時間がなかったという故事にちなんでいるもので、エジプトではパンをふくらませる「パン種」の存在を知らなかったというわけではありません。

　パンを焼きはじめた最初期には直接火にかざしていたのでしょうが、そのうちに火の上に石板がおかれたり、古王国時代の壁画からは焼き型を使って焼いていたことがわかります。この場合は、まず型をあたため、そこにパン生地を入れ、ふたをして焼きあげます。

　パンは家庭用だけでなく、神殿や墓の供物用、労働者の日給の一部として多くの量が必要とされ、いつしかパンを焼く専門の職人もあらわれました。彼らは日干レンガで窯をきずき、その内壁にパン生地をはりつけて焼きます。小麦粉をこねてすぐに焼いたものは、今日の「エイシ」のように平たいパンになってしまいます。この方法はいまでもエジプトをふくめた中近東、イン

ド、中央アメリカなどで広くおこなわれています。

　パンの名前だけでも多いときで40種類ほどがあったといわれていますから、その焼き方、味、丸や三角、卵型、円錐型、ドーナツ型など形もさまざまだったのです。

　ずんぐりした**錐体のパン**は〈シャアト〉、**ベンベン石**（p.87）**形のパン**は〈ベンベン〉、**パンケーキのようなもの**は〈ケフェン〉など、**クッキーのようなもの**は〈パアク〉、**丸いクッキー**〈パァジュ〉など、切り分ける前の**パンのかたまり**は〈アケク〉などがありました。**供物用のパン**は〈パアト〉、供物用のパンのひとつに「有用なもの」という意味の〈アケト〉、災いの神セトを退治する儀式のときに特別に焼かれた**カバのケーキ**〈デプ〉（p.72）などのように、供える場所や、ある儀式のために特別にこしらえられるパンもあり、それぞれに呼び名がありました。

ビール造り　ムギを粉にして、発酵させた生地でパンに焼き、それを湯でふやかしてこし、壺にとってもう一度パン種を加えて発酵させてビールを造る工程が壁画に残されています。
古王国時代第18王朝、前2480年頃、ティのマスタバ（サッカラ）

第 2 章　自然のめぐみに祈る

ハチミツやブドウの果汁をまぜたり、ナツメヤシ、イナゴマメなどを生地に練りこんでフルーツ・ケーキのようなものも焼かれていたことがわかっています。ちなみに**ナツメヤシのケーキ**は〈ベネレト〉とあらわされました。子供用と思われるイヌのような動物をかたどった「どうぶつパン」もあったようです。

そのほかパン作りに関しては、〈テシュ〉**粉にする**です。**パン生地**は〈シェジェト〉、〈シェデト〉、〈カァジュウ〉、〈カアド〉、そのパン生地を**こねる**ことは〈シェベブ〉、**パンを焼く**ことは〈ケフェヌ〉、**パン焼き職人**は〈レテヘティ〉、〈ケフェヌウ〉などの語があります。

料理をすることは火を使ってこしらえるというイメージだったのでしょう〈ペスィ〉です。1日のなかで**朝食**は〈イアウ〉です。〈イアウ〉は**洗う**という意味ですから、起きると口をすすいでから食事をするという習慣があったからかもしれませんね。

他に〈イアア〉、〈イケト　ネヘプウ〉も**朝食**、**夜明けの供物**は〈イケト　ドゥアウト〉とあらわしました。

供えられた食べ物
ワイン壺はブドウのつるや花で飾られ、豪華さの演出がなされています。パン、肉、果物、野菜が所狭しと並べられていたようです。　新王国時代第 18 王朝、前 1350 年頃、大英博物館 [EA37985]

夕食は 〈イケト　カアウイ〉、〈メスウト〉などとあらわされました。

食事には 〈マアゲフ〉、〈ケファト〉などの単語があります。**兵站として食物、食事**は 〈アシュ〉と、日常のものとは別のものとされていました。

昼食について、特別な単語はなかったようです。今日でもエジプトでは、昼食は重要ではありませんから、生活習慣としての食事のありかたは大きく変わっていないのかもしれません。

パンは主食とするだけではなく、ビールの原料としてももちいられていました。ビール用のパンは食用のものと違って、半生の状態に焼き上げ、これを細かくちぎり、ブドウやナツメヤシの果汁の入った水にひたしてふやかし、しばらくおくと**パン種**の酵母菌と麦芽が自然発酵します。この**お粥のような状態のもの**を 〈ヘサァ〉といいます。これを漉してアンフォーラなどの壺に入れ、さらに二次発酵させていたと考えられています。**ビール酵母**のこと、醸造の際に出る澱は 〈タァヘト〉です。

ビールも王朝時代以前から量産されるほど技術が発達していました。時代、地域によって、その製法に違いがあったようですが、上記の主要な行程は同じだったようです。**ビール醸造者**は 〈アフェティ〉、〈アテク〉などとよばれていました。

このビールを、当時の人びと（一部の地方だけかもしれません）は、アシなどの茎で作ったストローで飲んでいたのではないかと考えられています。壺のなかには、十分に漉しきれないでパンくずが残っていたからと考えられています。あるいは、容器に移す際に発泡してこぼれたり、炭酸が抜けて味が落ちるのを防ぐためだったのでしょうか。その確かな理由はわかっていません。

ビールは 〈ヘネケト〉、〈テネムウ〉などとあらわしました。

ストロー
ビールの壺には、パン屑も入っていました。このアシ製のストローはそうしたくずを漉して飲むためのものだったのでしょう。テル・エル＝アマルナの住宅跡のガラス容器の破片とともに発見されたものです。
新王国時代第18王朝、前1350年頃、大英博物館
[EA55148-9]

4. 自然、国、人を守る人の姿のおもな神々

　古代エジプトの神々のなかには、人の姿をした神も少なくありません。具体的な自然のものではあらわせない「権力」「恵み」「守護」「豊穣」など、人の考え方のなかから作り出されて信仰の対象とされた神については、人の姿であらわされました。その場合は、それぞれに身につける冠、持ち物、衣装などで見分けます。

アテン神　〈アテン〉太陽円盤から降り注ぐ太陽光線が細長い腕の形になってたくさん出ている姿であらわされます。日中の太陽をあらわしたものです。新王国時代第18王朝のアクエンアテン王によって、強大な権力をもったアメン神（神官団）に対抗するため、唯一神にまで高められました。しかし、王の宗教改革の失敗とともにあらわされなくなりました。

アテン神　新王国時代第19王朝、前1350年頃、フヤの墓（アル＝アマルナ）

アトゥム神　新王国時代第19王朝、前1260年頃、ネフェルタリ王妃墓（ルクソール西岸）

アトゥム神　〈テム〉上下エジプト王の象徴である二重冠をかぶる男性の姿であらわされます。太陽信仰の聖地ヘリオポリスの神話では、宇宙に最初に存在した天地創造の神として崇拝されていました。アトゥムは自身の次に大気の神**シュウ**〈シュウ〉とその妻**テフネト**〈テフネト〉を創造したとされ、シュウとテフネトからは大地の神**ゲブ**〈ゲブ〉と天の女神**ヌト**〈ヌト〉が生まれました。そしてゲブとヌトから、**オシリス神**または〈ウシル〉、**セト神**〈セテク〉、**イシス女神**〈アセト〉、**ネフティス女神**〈ネベト・フウト〉が生まれました。

オシリス神 うしろにイシスとネフティスが立ち、前のロータスの花にはホルスの4人の息子の姿があります。 新王国時代第19王朝、前1200年頃、ネフェルレンペトの墓（ルクソール西岸）

オシリスはイシス、セトはネフティスと結婚し、オシリスがこの世を治めることになったのですが、これを妬んだセト神はオシリスを殺し、バラバラにしてエジプトじゅうにばらまきました。今日、エジプト各地にアブシールという名の町や村がありますが、これはギリシア語の「ブシリス」に由来します。そのブシリスは古代の**オシリスの家**〈ペル・ウシル〉からの転訛で、そこでイシス女神がオシリス神の肉体を発見したと伝えられています。

オシリス神、亡くなってオシリスとなった王がかぶる冠には、ダチョウの羽とヤギの角で飾られた**アテフ冠**〈アテフ〉があります。

イシスは集めたオシリスの肉体をもとの形にもどしてミイラにし、呪文をとなえて来世で再生復活させました。これがミイラ作りの起源となり、オシリスは冥界、来世をつかさどる神とされたのです。このことは、オシリスにつながる神が、古くは、毎年、再生復活を繰り返す穀物神であったからと考えられています。

この再生復活の神話は、新王国時代には庶民の間にも広まり、身分に関係なく、人は死ぬと皆オシリスになって来世で生きつづけると信じられるようになりました。そのために用意されたのが〈ペレト エム ヘルウ〉**日のもとに現れる書**です。一般には『死者の書』(The Book of Dead) とよばれています。もともとこれは、この復活の呪文集がミイラとともに発見されることから、近世のエジプト人がつけた呼び名です。それ

第 2 章　自然のめぐみに祈る

をヨーロッパの研究者が聞き、そのまま書籍にあらわしたことから広まりました。古代の呼び名の意味は、太陽が復活するように死者も復活することを祈るというものだったのです。

　オシリスの妻イシスはミイラ、棺の守護神、現世の王ホルスの母、玉座の守護神とされ、頭上に玉座をいただく、あるいは母のイメージからハトホル女神と同一視され、太陽円盤が組み合わされたウシの角をいただく姿であらわされています。棺では、足元のほうにイシスの姿があらわされます。

　イシス女神の妹のネフティスはセト神の妻でしたが、イシスがオシリスを復活させるのを助けたとされ、イシスと同じくミイラ、棺を守護する神としてあらわされています。棺では頭のほうにあらわされます。

　イシス、ネフティスに**ネイト女神**〈ネト（ニィト）〉、**セルケト女神**〈セルケト〉(p.101) も加わって、四方から完全なる守護がなされるとも信じられていました。

　ちなみにネイト女神は 2 本の矢を入れた矢筒を頭上にいただいている姿、または下エジプトの赤冠をかぶり、手には弓矢を持った姿であらわされます。

ネイト女神　新王国時代第 19 王朝、前 1260 年頃、ネフェルタリ王妃墓（ルクソール西岸）

アメン神　2 枚の大きな羽根の冠をかぶった男性の姿であらわされました。その名〈アメン〉には**実体のないもの、隠れたるもの**という意味があり、豊饒の神ミンや太陽神ラーなどの有力な神と結びつき、神性を吸収していったのです。中王国時代にはすでに王権の守護神になり、新王国時代には首都ワセト（ルクソール）の主神、国家の最高神アメン・ラーとして絶大な権力

アメン神とセティ１世 王は神から棍棒、戦斧、ケペシュ刀を受け取っています。 新王国時代第19王朝、前1290年頃、セティ１世葬祭殿（アビュドス）

をほこりました。アメン神の聖地**カルナク神殿** 〈イペトスウト〉には歴代の王によって多くの建造物が寄進されたため、広大で複雑な構造になっています。カルナク神殿の副神殿であった**ルクソール神殿**は 〈イペトレセト〉です。

妻はシロエリハゲワシの頭飾りに上下エジプト王の象徴である二重冠をかぶった女性の姿であらわされる**ムゥト女神** 〈ムゥト〉（p.80）です。ムゥトは王の母と考えられていた一面もありました。そして息子は人、またはハヤブサ頭の姿（p.83）であらわされる**コンス神** 〈ケンスウ〉で、子どもの誕生をつかさどるものと信じられていました。頭上に満月と新月を組み合わせた冠をいただいています。

プタハ神 〈ペテフ〉古王国時代の首都メンフィスの守護神。この世をその舌（プタハの意志と言葉）で創造したとの伝説から、物作り、職人の神としても信じられていました。アンク、ジェド、ウアス（生命、安定、支配）を組み合わせた杖を持ち、全身がミイラのようにきっちりと包帯に包まれた姿であらわされます。顔は再生復活を象徴する緑色で彩色されています。

この神の聖獣は牡牛**アピス** 〈ヘプゥ〉で、メンフィスの神殿で大切に飼われていました。サッカ

コンス神
プトレマイオス朝時代、ハトホル神殿、デイル・アル＝マディーナ（ルクソール西岸）

第 2 章　自然のめぐみに祈る

ラにあるセラピウムは、このアピスの地下墓所です。

プタハの妻は**セクメト女神** 〈セケメト〉（p.70）、その息子として**ネフェルテム神** 〈ネフェルテム〉（p.112）がありました。ネフェルテム神は原初の水に咲いたスイレンを擬人化した姿です。「完全」「完全な美」という抽象的な概念を象徴する神です。

サテト女神 〈セチェト〉エジプト南部の重要な都市、アスワンの守護神**クヌム**（p.64）の妻であり、アスワンの南、セーヘル島に祀られ、第１急湍の守護、南の国境を守護する女神として崇拝されていました。矢で射られた獣の皮の文字が名前にあるように、矢で王の敵を討つものと考えられたのでしょう。ナイルの増水をつかさどると考えられたことから、ナイルの増水を知らせてくれる星シリウス（p.34）、その神であるソティス、イシス女神と同一視されていました。

プタハ神　うしろに「安定」の象徴ジェド柱があります。　新王国時代第 19 王朝、前 1260 年頃、ネフェルタリ王妃墓（ルクソール西岸）

[左] サテト女神、[上] アンケト女神　新王国時代第 18 王朝、前 1470 年頃、サテト神殿（アスワン）

クヌムとサテトの娘、あるいはサテトの妹にあたるともされているのは**アンケト女神（アヌキス）** 〈アネケト〉でした。頭にダチョウの羽根をまとめたような冠をいただいています。クヌム、サテト、アンケトがアスワンの三柱神です。

セラピス神 穀物神の性質もあり、頭上に穀物の枡を戴いています。
プトレマイオス時代、前4世紀頃、グレコ・ローマン博物館（アレクサンドリア）

セラピス神 プトレマイオス朝時代、外国人の王であるプトレマイオスがエジプトを統治するにあたって、政策のひとつとしてギリシアの神とエジプトの神を融合した神です。この頃には、オシリス神（p.133）とアピス（p.61）が習合したオソラピスという神があり、それにゼウス神などのギリシアの神の神性が加えられてセラピスとなりました。

ハピ神 〈ハァピ〉ナイルを神絡化し、男性の姿であらわしたものです。恵みの水をもたらせ、大地に豊穣を与えてくれる神でした。その肥えた身体は乳房が垂れ下がるほどで、ときに生命の象徴である緑や青で彩色されています。また、水をあらわすジグザグの模様が全身に描かれることもありました。

しばしば上下エジプトの統一を象徴する**セマァ・タァウイ**の図（〈セマァ〉統一を意味する肺と気管をあらわした文字に上エジプトの象徴であるロータス、下エジプトのパピルスを結び合わせている）のなかで、ロータスとパピルスを頭上にいただいた2人の神としてあらわされています。

ハピ神のアラバスター製化粧容器 ハピ神が下エジプトの象徴パピルス（左）と上エジプトの象徴ロータス（右）を中央のセマァの文字をデザインした容器に結びつけています。
新王国時代第18王朝、前1340年頃、カイロ・エジプト博物館 [JE62114]

第2章　自然のめぐみに祈る

ベス神の花台
末期王朝時代、ルーヴル美術館
[E10929]

ベス神とトゥエリス女神　アメンヘテプ3世の王女サトアメンの椅子の袖板にほどこされた装飾。楽しみ、守護がありますようにとの願いがこめられています。　新王国時代第18王朝、前1350年頃、カイロ・エジプト博物館［CG51113］

ベス神〈ベス〉日々の生活における危険から人を守護する神として信じられました。悪い夢にも悩まされないようにと、ベッドや枕、ミイラの頭の下に敷く護符にもベスの姿があらわされることがありました。

　妊婦の守護神とも考えられ、護符にされて身につけられる神のひとつでした。舌を出しておどけた表情は、ユニークなダンスをするというので人気のあったピグミーのように見えますが、その正体はわかっていません。

　子どもの姿をした神**ハルポクラテス**の石碑にもしばしばベスの顔があらわされています。ハルポクラテスは指をしゃぶる子ども姿の像だったり、石碑ではワニの背に立ち、手には毒ヘビやサソリをもった姿であらわされています。この神の碑もまた、庶民が日常生活のなかで気軽に家内安全を祈願することができるような場所

ハルポクラテス
プトレマイオス朝時代、カイロ・エジプト博物館［CG9401］

[右] ジェドヘルの癒しの像 ハルポクラテスの石碑が組み込まれた彫像です。全身に日常の危険からの守護を祈る文書が刻まれています。この像に水をかけると文字の力が移った水が水受けに貯まり、それを飲むことで御利益があると信じられていたのです。摩耗した像に、当時の人びとの念じる姿が見えるようです。
プトレマイオス朝時代、前323〜317年頃、カイロ・エジプト博物館 [JE46341]

ハルポクラテス 頭部は古代エジプト王の様式ですが、胴体はギリシア様式になっており、2つの文化の融合が見られます。成人の王であるようでいて、指をくわえている表現で子どもであることをあらわしているのです。
プトレマイオス朝時代、前1340年頃、アレクサンドリア国立博物館 [CG26964]

に置かれていたのでしょう。

　ハルポクラテスはまた、小さな銅像としても数多くつくられました。それだけ子どもが亡くなることが多かったということです。

ミン神 〈メヌウ〉頭上に2枚の大きな羽根のついた冠をかぶり、収穫した穀物の脱穀にもちいる、**ネケク（穀竿）** 〈ネカァカァ〉を持っています。右手は頭の後ろで上げ、その性器は勃起した状態で描かれています。またしばしば野菜を代表する茎レタスが背後にあらわされているように、穀物や野菜など土からの産物の豊穣をつかさどる神でした。茎レタスの断面からは精液をイ

ミン神にウジャトの眼を捧げるプトレマイオス4世
プトレマイオス朝時代、ハトホル神殿、デイル・アル＝マディーナ（ルクソール西岸）

第2章　自然のめぐみに祈る

メージさせる白い液がにじみ出ることから、この神のスタイルに結びつけられたのでしょう。

　古くから上エジプトを代表する神（信仰の中心はコプトス）で、アメン神がワセト（ルクソール）の神として進出するにあたって、この神と習合したことが壁画などで強調されています。

　ミン神はまた、ナイル流域からの東沙漠を通り、紅海沿岸に抜ける隊商路の守護神でもありました。

古代の隊商路に残されたミン神
仕えた王（アマシス2世）とミン神を讃え、守護を願って、休憩中に刻んだのでした。末期王朝時代第26王朝、前550年頃、ワディ＝ハンママート

イムヘテプ　〈イイムヘテプ〉神格化された実在の人物です。「満たされて来るもの」という意味の名前で、古王国時代第3王朝、前2650年頃、ジェセル王に医療、建築の知識に秀でた宰相として仕えました。現存するものとしては、当時の首都メンフィスの墓地であったサッカラに、最初の巨大石造建造物である階段ピラミッドを設計、改築した業績が知られています。

　古王国時代が衰退した第1中間期から彼の偉業は讃えられ、伝説の人物として神格化がはじまり、末期王朝時代からプトレマイオス朝時代にはメンフィスを中心にエジプト全土で広く信仰されるようになりました。エリートである書記として大成しますようにという祈りのほか、医療の祖として神格化されてきたことから、ギリシアの医療の神アスクレーピオスと同一視され、健康、病気平癒の対象として神格化されていました。

イムヘテプ　末期王朝時代、前6〜5世紀、バイエルン州立エジプト美術博物館（ミュンヘン）[ÄS5314]

ヒエログリフのかな文字（1子音文字）

ヒエログリフ	文字に表わされているもの	発音	ヒエログリフ	文字に表わされているもの	発音
	エジプトハゲワシ〈G-1〉	ꜣ ア a		亜麻糸の束をよったもの〈V-28〉	h フ h
	アシの穂〈M-17〉	i イ i		胎盤〈Aa-1〉	ḫ ク k
	2本のアシの穂〈M-17〉	y イ y		乳頭と尾のついた動物の腹〈F-32〉	ḫ ク k
	2本の斜め線〈Z-4〉			かんぬき〈O-34〉	s ス s
	手のひらを上に向け、ひじを直角に曲げた腕〈D-36〉	ꜥ ア a		かけた状態の布〈S-29〉	
	ウズラのひな〈G-43〉	w ウ w		人工の池〈N-37〉	š シュ sy
	足〈D-58〉	b ブ b		丘の斜面〈N-29〉	ḳ ク k
	アシのマット〈Q-3〉	p プ p		取っ手付きのかご〈V-31〉	k ク k
	角のあるヘビ〈I-9〉	f フ f		つぼを立てておく台〈W-11〉	g グ g
	フクロウ〈G-17〉	m ム m		パン〈X-1〉	t トゥ t
	さざ波〈N-35〉	n ヌ n		家畜をつないでおく綱〈V-13〉	ṯ チュ ty
	くちびる〈D-21〉	r ル r		手〈D-46〉	d ドゥ d
	よしず張りの囲い〈O-4〉	h フ h		コブラ〈I-10〉	ḏ ジュ jy

〈 〉内の英数字は拙書『Let's Try! ヒエログリフ』掲載の文字一覧表をはじめ、世界共通の整理番号で、すべての研究者の間で通じ合う文字の分類番号でもあります。

ヒエログリフの索引・発音記号

本文中では、ヒエログリフの読みをカナ文字で表記しています。しかし、古代の発音はわかっていないので、世界中の研究者の間では、左ページの1子音文字の発音記号を使って表記します。ヒエログリフには母音は表記されていないので、子音どうしの間にはeの音を、末尾はuまたはoの音をおぎないます。本文中の読みは、以下の発音記号をもとに便宜的にあらわしたものであることをご理解ください。

あ

アアペプ（アポピス）65, 79　ỉpp
愛する　46, 48, 121　mr
愛らしい　122　bnr mrwt
青（ラピスラズリの）54　ḥsbd
赤　54　dšr
赤いウシ　54　dšrt
赤色　54　iwn dšr
アケト季　34　ȝḫt
アケル神　70　ȝkr
アジア　24　Stt
アシュート　25　Sȝwty
明日　70　dwȝw
アスワン　24, 25, 128　ȝbw
あそこ　48　wȝ
与える　126　di
アッシリア　24　Iššwr
アテフ冠　134　ȝtfw
アテン神　133　Itn
アトゥム神　133　Itm
あなた自身で　77　m ḥʿ k
アヌキス→アンケト女神
アヌビス神　68　Inpw
アピス　61, 136　Ḥpw
アビュドス　25　ȝbdw
甘い　109, 122　bnr
亜麻布　121　ššrw
天の川　23　mšḫt
アメン神　81, 135　Imn
アメン神が愛する　48　mri Imn
アメン神に愛されしもの　48　mri Imn
洗い張りをする　92　ḥmww
洗う　92, 93　rḫt, 131　iʿw
嵐　75　nšni
アル=アマルナ　25　ȝḫt-Itn
アンケト女神（アヌキス）137　ʿnḳt

い

イアル野　117　sḫt-iȝrw
言う　78　dd

怒り　97　špt
息　28　tȝw
イクヌメン（エジプト・マングース）71　ʿd
イシェドの木　106　išd
イシェドの実　124　išd
イシス女神　133　Ist
偉大な　22, 90　wr
イチジク→シカモア、→フィグ
イチジクの実　124　dȝbw
イヌ　66　iw
イバラ　110　nbs
イペト（オペト）73　Ipt
異民族　24　psdt
イムヘテプ　141　Iimḥtp
イメセティ神　82　Imsty
色　54　iwn
色とりどり　58　sȝb
飲食物　126　ʿȝbt

う

ウァジェト女神　78　Wȝdyt
上（天空）にあるもの　81　ḥry
植える　122　srd
失われた　94　sw
ウシの群　62　mnmnt
ウジャト（の眼）84, 122　wdȝt
うしろに　76　m pḥwy
うしろの部分　76　pḥwy
ウプウアウト　68　Wp-wȝwt
ウラエウス　78　iʿrt
うり（メロン）126　sšpt
運河　48　mr

え

永遠　78, dt, 109　šnw
永久　98　nḥḥ
エジプシャン・ブルー　58　ḥsbd-irit
エジプト　10, 25, 46　Kmt
エジプト王　114　Pr-ʿȝ
エジプト人　11　Kmt

エジプト全土 48 *tɜwy*
エジプトハゲワシ 79 *ɜ*
エジプト・マングース→イクヌメン
エスナ 25 *Iwnyt*
エドフ 25 *Dbɜ*
エレファンティネ 24, 25, 128 *ɜbw*
エンドウ豆 126 *thwɜ*
エンマーコムギ 123 *bdt, bty*

お

オアシス地域 24, 25 *wḥɜt*
王 81 *nsw*
王位更新祭 109 *ḥb-sd*
牡ウシ 62 *kɜ*
（去勢された）牡ウシ 62 *ngɜw*
王子 89 *sɜ-nsw*
王女 89 *sɜt-nsw*
王のもの 114 *pɜ-Pr-ʿɜ*
大雨 30 *kkw*
大型の海洋船 111 *kbnt*
大きな 22 *ʿɜ*
オオムギ 123 *it*
丘 47 *kɜɜ*
オクシリンコス魚 96 *ḥɜt*
怒る 77 *ɜd*, 97 *ʃpt*
おしゃべりする 93 *ḥn*
オシリス神 133 *Wsir*
オシリス神の姿をした王 77 *ḥʿ-ntr*
オシリスの家 134 *Pr-Wsir*
畏れ入る 92 *snd*
牡ヒツジ 63 *bɜ, sr, srit*
オリオン座 38 *Sɜḥ*
折り返す 22 *pḥr*
織物 64 *mnḥt*
終わる 76 *pḥ*

か

カーネリアン 55 *mḥnmt*
外国 46 *ḥɜst*
外国人 24 *Smɜ, pdt*
怪獣 103 *hiw*
回転する 22 *pḥr*
カエル 79 *krr, ʿnḥ*
獲得する 76 *pḥ*
隠れたるもの 135 *Imn*
陰 94 *swt*
影 94 *swt*

量（かさ）123 *ʿḥʿ*
果実 121, 126 *prt*
果樹 126 *ḥt-bnr*
風 28 *tɜw*
カタラクト（急湍）10 *mw-bin*
ガチョウ 88 *ɜpd*
カナーン 24 *Knʿn*
彼女自身で 77 *m hʿ s*
カバ 71 *db*
鎌 118 *shty*
神 60 *ntr*
　神々 60 *ntrw*
髪 11 *km*
上エジプト 21, 25 *Šmʿw, Tɜ-šmʿw*
神の力 86 *ɜhw*
殻竿→ネケク
空（から）の 90 *šw*
下流に向かう 12 *ḥdi*
刈る 118 *ɜsḥ*
カルナク神殿 136 *Ipt-swt*
彼 78 *f*
彼自身で 77 *m hʿ f*
川 10 *itrw*
乾いた 94
川を下る 12 *ḥdi*
川をさかのぼる 12 *ḥnti*

き

木 104 *nht*
黄色の顔料 54 *knit*
寄生虫 79 *fnt*
北 21, 25 *mḥty*
昨日 70 *sf*
機敏な 35 *spd-ḥr*
キプロス 24 *Irs*
九弓の民（諸外国）24 *psdt*
キュウリ 126 *bndt*
恐怖 80 *nrw*
キリン 75 *mmi*
金 56 *nbw*

く

空気 28 *tɜw*
クシュ（南ヌビア）24 *Kɜš*
クッキー 130 *pɜk, pɜd*
クヌム神 64 *Knmw*
首の長いネコ科動物 103 *mɜfdt*

ヒエログリフの索引・発音記号

供物 126 `ȝbt
　夜明けの供物 131 iḫt-dwȝt
供物を捧げる 92 wšn
暗闇 30 kkw
グリフィン 102 ʿḥḥ, sfr
グレイハウンド 66 tsm
黒 11, 54, 55, km, 56 dʿb
黒い顔料 56 dʿbt
黒毛の牡ウシ 61 Km-wr
鍬 121 ḫbst

け

毛皮 77 inm
ゲブ（神）27, 88, 133 Gb
ケプリ（神）98 Ḫpri
ケベフセヌエフ（神）82 Ḳbf-snw=f
獣の皮 77 dḥr
限界 49 drw
原初の神々 92 pȝwty
原初の時 92 pȝwt
原初の水 27 nnw

こ

交易 128 swnt
攻撃的な 77 ȝd
香水を振り掛ける 30 idt
公正 93 mȝʿt
行動 121 ssrw
広葉樹 106 iSd
穀物 121 ssrw
穀物ばかり（枡）121 ḥḳȝt
ここ 48 dy
国境 49 tȝš
言葉 78 mdw
粉にする 131 ts
こねる 131 sbb
この世のはじまり 92 pȝt
この世のはじまり以来〜 92 dr pȝt
コム・オンボ 25 Nbyt
コムギ 123 swt
コンス（神）83, 136 Ḫnsw
混乱 75 nšni

さ

サア 73 sȝ
財産 123 ʿḥʿ
財産のない人 94 šw

最初 92 pȝw tpt
最果て（世界の）49 drw
魚 94 wšnw
ザクロ 110 inhmn
　ザクロワイン 125 šdḥ
〜させる 126 di
サソリ 101 wḥʿt
サテト（神）137 Stt
沙漠 10, 25, 46, 54 dšrt
　北東の沙漠 25 Šȝsw
30日（晦日）46 ʿrky

し

ジェフティ（神）73, 85 Dḥwty
塩 109 ḥmȝyt
シカモア（いちじく）105 kȝw
時間 45 tr
時期 45 tr
死者の書 134 prt m hrw
実体のないもの 135 Imn
湿地帯 46 sḫt, sȝ
絞り出す 92 iʿf
下エジプト 21, 25, 116 Mḥw, Tȝ-mḥw
邪悪な 90 bin
シェムウ季 34 šmw
ジャスパー 55 mḥnmt
シュウ（神）28, 94, 133 Šw
収穫季 34 šmw
守護する 64 ḫnm
出現 98 ḫpr
シュワブ 107 swb
上下エジプト 48 tȝwy
上下エジプト王名 100 nsw-bit
状態 54 irtiw
沼沢地 116 idḥw
商売 128 swnt
商売をする 128 swn
上流に向かう 12 ḫnti
諸外国（九弓の民）24 psdt
食事 132 mȝgf, ḥfȝt
　主要な食事 126 šbw
食物 126 wnmw, ḥw, kȝw
　食物（パン）126 ʿkw
　兵站として食物 132 ʿš
庶民 85 rḥyt
シリア 24 Rtnw
シリウス 35 Spdt
飼料 126 ḥȝt, wnmt, snmt

白 54　*ḥd*
慎重になる 92　*snd*
臣民 85　*rḫyt*
真理 93, 118　*mꜣꜥt*

す

スイカ 126　*bddw-kꜣ*
吸い込む 76　*ꜥm*
スイレン 112　*sšn*
水路 48　*mr*
崇敬する 92　*snd*
鋤 121　*hb*
スフィンクス 69, 102　*šspw*
すべて 85　*nb*
鋭い 35　*spd*

せ

性格 54　*iwn*
正義 118　*mꜣꜥt*
性質 54　*iwn*
赤冠 54　*dšrt*
セクメト（神） 71, 137　*Sḫmt*
石膏 56　*kꜣd*
セト（神） 74, 133　*Stḫ*
セベク（神） 78　*Sbk*
セマア・タアウイ 138　*smꜣ-tꜣwy*
狭い 90　*ḥns*
セラピス（神） 138
せりふ（～による） 78　*dd-mdw (in)*
セルケト女神 101, 135　*Srkt*
洗濯監督官 92　*imy-r rḫty*
洗濯屋 92　*ḥmw*, 93　*rḫty*

そ

増水季 34　*ꜣḫt*
ソカル 82　*Skr*
育てる 122　*srd*
その 10　*nꜣ*
空 28　*ḥrt*
それ 78　*f*

た

対価 128　*swnt*
大気の神 28　*Šw*
堆積 123　*ꜥḥꜥ*
大地 27　*Gb*

太陽 34　*Rꜥ*
太陽の舟 30　*wiꜣ*
タウレト（神） 73　*Tꜣ-wrt*
耕す 121　*skꜣ*
正しい 118　*mꜣꜥ*
ダチョウ 90　*niw*
達する 76　*pḥ*
タニス 25　*Dꜥnt*
種 121　*prt*
食べる 122, 126　*wnm*
卵 92　*swḥt*
魂 86　*ꜣḫ*
タマネギ 126　*ḥdw*

ち

小さい 90　*nds*
近い（～から） 48　*r-i*
近く（～の） 48　*ꜥrw*
父 80　*it*
地中海 24, 25　*wꜣd-wr*
秩序 93, 118　*mꜣꜥt*
地平線 69　*ꜣḫt*
地平線のホルス（神） 84　*Ḥr-ꜣḫti*
注意深い 35　*spd-ḥr*
中心（身体の） 42　*kꜣ-ib*
朝食 131　*iꜥw*
彫像（王の） 69　*šspw*
腸のミミズ 79　*fnt*

つ

塚 47　*kꜣꜣ*
疲れを知らないものたち 23　*iḫmw-wrd*
月（天体） 34　*iꜥḥ*
月（暦） 34, 39　*ꜣbd*
月の終わり（30日、晦日） 39　*ꜥrky*
堤 47　*kꜣꜣ*
角が長いウシ 62　*ngꜣw*
角が短いウシの群 62　*wndw*
翼 92　*dnḥ*
露 30　*iꜣdt*

て

手足 77　*ꜥt*
ティト（チェト） 55　*tit*
ティラピア・ニロティカ 95　*int*
テフネト（神） 133　*Tfnt*

天　27, 28　*pt*
　天　28, 81　*ḥrt*
　来世の天　28　*nnt*
天井　28　*ḥꜣt*
デンデラ　25　*Iwnt*

と

ドゥアムテフ（神）　82　*Dwꜣ-mwt=f*
統一　138　*smꜣ*
遠い　48　*wꜣ*
どこ？　93　*tn*
土地　46　*tꜣ*
土手　47　*kꜣꜣ*
トト（神）→ジェフティ
飛ぶ　92　*pꜣ*
留まる　93　*ḥni*
ともにありますように　116　*ḥꜣ*
鳥　88　*wšnw*
トンビ　88　*dryt*
どん欲な　77　*ḥnt*
どん欲に求める　77　*skn*

な

ナイル　11, 25　*Ḥꜥpy*
仲間に入る　64　*ḥnm*
ナツメヤシ　108　*bnrt*
　ナツメヤシのケーキ　109, 131　*bnrt*
　ナツメヤシの実　109　*bnrt*
　ナツメヤシのワイン　109　*bnrt*, *bniw*
何もない　94　*sw*
生肉　77　*ḥꜥ*
南天の星　23　*iḥmw-wrd*
何とすばらしい彼の愛！　122
　bnr wi mrt-f

に

肉（供物用の）　126　*wꜥbt*
肉　77　*iwf*, 126　*ḥꜥ*
西　21, 25　*imnt*
西の　21　*imnty*
日数（暦）　34, 46　*sw*

ぬ

ヌト（神）　28, 133　*Nwt*
ヌビア　24　*Tꜣ-sty*
　クシュ（南ヌビア）　24　*Kꜣš*
　ワワト（北ヌビア）　24　*Wꜣwꜣt*
沼　47　*š*
沼地　46　*sḫt*, *sꜣ*

ね

ネイト（神）　135　*Nit*
ネクベト（神）　80　*Nḫbt*
ネケク（穀竿）　140　*nḫꜣḫꜣ*
ネコ　65　*miw*
ネフェルテム（神）　112, 137　*Nfr-tm*
ネフティス（神）　133　*Nbt-ḥwt*
年　45, 46, 110　*rnpt*

の

農耕地　10, 25　*kmt*
農夫　116, 118　*sḫti*
のど　76　*ḥḥ*
野原　116　*sḫt*
飲む　76　*ꜥm*
ノモス　49　*spꜣt*

は

配給食　126　*šnmw*
〜の背後にあるもの　116　*ḥꜣ*
計る　121　*ḥꜣi*
量る　121　*ḥꜣi*
激しく怒っている　55　*dšr ḥr*
ハゲワシ　80　*nrt*
端　76　*pḥwy*
播種季　34　*prt*
バステト（神）　66　*Bꜣstt*
ハチミツ　101　*bit*
バッタ　88　*snḥm*
ハトホル（神）　63　*Ḥwt-ḥr*
話す　78　*dd*
母　80　*mwt*
ハピ＝ナイル（神）　11, 138　*Ḥꜥpy*
ハピ（神）　82　*Ḥpy*
パピルス（植物）　116　*mḥyt*
バビロニア　24　*Sngr*
ハルポクラテス（神）　139
パレスチナ　24　*Dꜣhi*
パン　128　*t*
　供物用のパン　126, 130　*pꜣt*
　ベンベン石形のパン　130　*bnbn*
　錐体のパン　130　*šꜥt*

パン生地 131 *sdt, sdt*
パンケーキ 130 *kfn*
パン種 132 *hsɜ*
パン焼き職人 131 *rthty, kfnw*
パンを焼く 131 *kfn*
繁栄 116 *wɜd*
反乱 75 *nšni*

ひ

ビール 132 *hnkt, tnmw*
　ビール酵母 132 *tɜht*
　ビール醸造者 132 *ʿfty, ʿthw*
東 21, 25 *iɜbt*
東の 21 *iɜby*
左 21 *iɜby*
左の肩 42 *ḳʿḥ wnmy*
左の耳 42 *msdr wnmy*
左の眼 42 *irt wnmy*
備蓄食 126 *ʿɜbt*
ヒッタイト 24 *Htɜ*
人の肌の色 54 *iwn*
日のもとに現れる書 134 *prt m hrw*
皮膚 77 *inm*
ビブロス 24, 111 *Kbni (Kbn)*
100万 109 *ḥḥ*
病気の 90 *mr*
昼 30 *hrw*

ふ

フィグ（いちじく）の実 104 *dɜbw*
ブキス 61 *Bɜḥ*
ブシリス 25 *Ddw*
プタハ（神）136 *Ptḥ*
ブドウ 123 *iɜrrt, iɜrrt*
不満 97 *špt*
不満を示す 97 *špt*
不滅の星 23 *iḥm-sk*
プント 24 *Pwnt*

へ

ヘケト（神）79 *Ḥḳt*
ヘサアト（神）62 *Ḥsɜt*
ベス（神）139 *Bs*
ベドウィン 24 *Mntw*
ベヌウ鳥 87 *bnw*
ベヌウ舟 83 *ḥnw*

ヘビ 79 *sɜ-tɜ, ḥfɜw, rkrk, fnt*
ヘリアカルライジング 35 *Prt Spdt*
ヘリオポリス 25 *Iwnw*
ヘルモポリス 25 *Ḥmnw*
ペレト季 34 *prt*
ベンベン石 87 *bnbn*

ほ

方向転換 22 *pḥr*
北天の星 23 *iḥm-sk*
北斗七星 23 *mshtyw*
欲する 46 *mri*
炎 54 *dšrt*
ボラ 96 *ʿdw*
ホルス 80 *Ḥr*
滅びる 90 *ɜk*
本当の 118 *mɜʿ*

ま

マアト（神）93 *Mɜʿt*
前に 76 *m bɜḥ, m hɜt, m hnt*
枡 121 *ḥḳɜt*
貧しい人 94
まだら 58 *sɜb*
町 49 *niwt*
愛娘 122 *sɜt bnrt*
豆 126 *iwryt*
魔物 79 *ʿɜpp*
マラカイト（孔雀石）58 *wɜd*
マングース 71 *ʿd*
マントヒヒ 73 *iʿn*
マンドレイク 114 *rrmt*

み

右の 21 *imty*
右の肩 42 *ḳʿḥ imnty*
右の耳 42 *msdr imnty*
右の眼 42 *irt imnty*
水 10 *mw*
湖 47 *š*
晦日 46 *ʿrky*
ミタンニ 24 *Mtn*
道 48 *mtn*
ミツバチ 100 *bit*
緑 54 *wɜd*
緑豊かな耕地 116 *sḥt*

南　21, 25　*rsy*
実りある方法　121　*sšrw mȝˁ*
ミミズ　79　*ddft*
魅力的な　122　*bnr mrwt*
ミン神　140　*Mnw*

む

ムウト（神）　136　*Mwt*
息子　89　*sȝ*
　息子（太陽神ラーの）　89　*sȝ Rˁ*
娘　89　*sȝt*
ムネビス　61　*Mrwr*
紫　55　*tms*

め

冥界　28　*dwȝt*
牝ウシ　62　*iht*, *hmt*
恵まれた人物　58　*wȝd*
牝ヒツジ　63　*srit*
メヒト魚　96　*mhyt*
メンチュ（神）　83　*Mntw*
メンフィス　24, 25　*Mn-nfr*

も

猛禽　88　*dryt*
物事　121　*sšrw*

や

野菜　126　*wȝdt*, *smw*
休む　93　*hni*
山　46　*dw*
山（穀物の）　123　*ˁhˁ*
ヤマイヌ（ジャッカル）　67　*sȝb*

ゆ

夕食　132　*iht hȝwy*
ユーフラテス川　22, 24　*phr-wr*
夕闇　30　*ihhw*
有用なもの　86　*ȝht*
豊かにする　64　*hnm*

よ

よい状態で～　121　*mi sšrw*
よきもの　86　*ȝht*
予知する　76　*sr*

夜　30　*grh*, *wh*
喜び　116　*wȝd*

ら

ラー　83　*Rˁ*
　太陽神ラーの息子　89　*sȝ Rˁ*
ラー・ホルアクティ（神）　84　*Rˁ-Hr-ȝhti*
ライオン　69　*mȝi*
　牝ライオン　71　*mȝt*
来世　28　*dwȝt*
ラテス　95　*ˁhȝ*
ラピスラズリ　54　*hsbd*

り

リーキ　126　*iȝkt*
リビア　24　*Thnw*
料理（供物として捧げられた）　126　*fnhw*
料理をする　131　*psi*

る

ルクソール　24, 25　*Wȝst*
ルクソール神殿　136　*Ipt rst*

れ

霊魂　64, 89　*bȝ*
礼拝する　85　*dwȝ*
レタス　126　*ˁbw*
レバノンスギ　111　*ˁš*

ろ

ロータス　112　*sšn*
ロバ　103　*ˁȝ*

わ

ワイン　124　*irp*
　オアシス産ワイン　125　*irp n whȝt*
　ペルシウムのワイン　125　*irp Snw*
若い　45, 110　*rnpy*
若さ　116　*wȝd*
私自身で　77　*m hˁ i*
ワニ　77　*msh*
悪い　90　*bin*
ワワト（北ヌビア）　24　*Wrwȝt*

古代エジプト王朝表

年代	時代区分	王朝区分	首都	主なファラオ	主な歴史上の事がら	
紀元前3000	初期王朝時代	1		ナルメル アハ ジェル ジェト デン	紀元前3000年頃	上エジプト出身のナルメルがエジプト全土を統一 この頃、ヒエログリフの文字体系が確立する この頃、1年365日の暦ができる 「上下エジプト王」の称号が用いられる この頃、ヘリオポリスの太陽信仰がさかんになる
		2		ペルイブセン カァセケム カァセケムイ		この頃、ホルス神派とセト神派の覇権争いがおこる この頃、ホルス神派とセト神派が、ホルス神派が王位を継承することで和解する
2650		3	メンフィス	ジェセル セケムケト フニ	2620年頃	サッカラに階段ピラミッドを造営する 階段ピラミッドを計画するが未完成に終わる メイドゥムに真正ピラミッドを計画、着工する
2610	古王国時代	4		スネフェル クフ カフラー メンカァウラー シェプセフカァフ	2600年頃 2550年頃	神王として絶対的な王権が確立する ギザに大ピラミッドを造営する ギザに第2ピラミッド、スフィンクスを造営 ギザに第3ピラミッドを造営。王権が弱体化 王墓をサッカラにマスタバを造営する
2490		5		ウセルカァフ サァフラー ネフェルイルカァラー ニウセルラー ウナス	2490年頃 2400年頃	王の称号に「太陽神ラーの息子」が用いられる アブシールにピラミッドを造営する はじめて「ピラミッド・テキスト」が刻まれる
2310		6		テティ ペピ1世 メリィエンラー ペピ2世	2300年頃 2270年頃	シナイ半島などで積極的に鉱山を開発する 長期政権で、晩年には中央集権国家にかげりがみえるようになる
2180	第一中間期	7/8/9		短い治世の王が数多く続く		
		10	ヘラクレオポリス 下エジプト		2100年頃	ヘラクレオポリス（第10王朝）とルクソール（第11王朝）が共存する
2040		11	ルクソール	メンチュヘテプ2世 メンチュヘテプ3世	2040年頃 2000年頃	第10王朝を滅ぼし、全国を統一する 紅海南西部沿岸あたりのプントへ遠征隊を派遣する
1990	中王国時代	12	イティ・タァウイ	アメンエムハト1世 センウセルト1世 アメンエムハト2世 センウセルト2世 センウセルト3世 アメンエムハト3世 アメンエムハト4世	1990年頃 1950年頃 1850年頃 1800年頃 1790年頃	クーデターによって第12王朝をおこす ナイル川第3急湍まで遠征する ヌビア、パレスチナに軍事遠征をおこなう ファイユーム干拓事業が終わる 後継者が絶え、中王国時代が終わる
1785		13・14		短い治世の王が約70人続く		
1650	第二中間期	15・16	1715 アバリス ルクソール	⑮キアン ⑮アペピ ⑰セケンエンラー2世 ⑰カァメス	1720年頃 1700年頃 1650年頃 1580年頃	アジアからヒクソスが侵入する ヒクソスが下エジプトを支配し、王朝を起こす ルクソールに第17王朝がおこり、ヒクソスに対抗 セケンエンラー2世、カァメスがヒクソスと戦う
		17				
1565	新王国時代	18	ルクソール	イアフメス（アハメス） アメンヘテプ1世 トトメス1世	1565年頃 1520年頃	ヒクソスをエジプトから追放。第18王朝がはじまる 国内の安定をはかる ユーフラテス川上流にまで軍事遠征をおこなう

年代	時代区分	王朝区分	首都	主なファラオ		主な歴史上の事がら
1310	新王国時代	18	メンフィス	トトメス2世 ハトシェプスト トトメス3世 アメンヘテプ2世 トトメス4世 アメンヘテプ3世	1500年頃 1470年頃 1400年頃	トトメス3世が即位するが、摂政のハトシェプストが王権を主張し、共同統治となる アジアやヌビアにさかんに軍事遠征をおこなう。エジプトの領土が最大になる アメンとの確執がおこる カルナクのアメン神官団と確執がおこる 繁栄の絶頂期をむかえる
			アマルナ	アメンヘテプ4世 （アクエンアテン）	1360年頃	アテン神を唯一神とする宗教改革を断行する
			メンフィス	トゥトアンクアメン アイ ホルエムヘブ	1350年頃 1335年頃	アメン神信仰に復帰する アテン神信仰後の内外の混乱を鎮める
		19	ペル・ラメセス	ラメセス1世 セティ1世 ラメセス2世 メルエンプタハ	1310年頃 1290年頃 1275年頃 1215年頃	将軍ラメセス1世が即位。第19王朝となる シリアをはじめ、軍事遠征をさかんにおこなう シリアのカデシュでヒッタイトと戦う この頃、モーセによる「出エジプト」？ リビア方面から「海の民」がデルタ地帯に侵入を図るが撃退する
1205		20		ラメセス3世 ラメセス6世 ラメセス9世 ラメセス11世	1170年頃	「海の民」がデルタ地帯に侵入するが、撃退する この頃、王権が弱体化する この頃、王家の谷などで墓泥棒が横行しはじめる この頃、カルナクのアメン大祭司がルクソール（ワセト）の実権を握る
1070	第三中間期	21	タニス	スメンデス プスセンネス1世	1070年頃	王の存在は有名無実化する タニスに第21王朝をひらく。上エジプトはアメン大祭司が治める
945		22 23 24		シェションク1世 オソルコン2世	945年頃	リビア系の王。ブバスティスに首都をおく。パレスチナ地方に軍事遠征をおこなう タニスなどエジプト北部で複数の王朝がおこる
750		25	ルクソール	ピィ（ピアンキ） シャバカ タハルカ	750年頃 700年頃 667年頃	ヌビア人ピィが第25王朝をおこす エジプト全土を統一する アッシリアがエジプトを征服する
664	末期王朝時代	26	サイス	プサメティコス1世 ネコ2世 プサメティコス2世 アマシス	664年	アッシリアを追放し、第26王朝をおこす 紅海とナイル川を結ぶ運河が着工されるが防衛の意味で中止される
525		27	サイスを中心としたデルタ地帯	カンビュセス2世 ダリウス1世	525年 521年 430年頃	アケメネス朝ペルシアがエジプトを支配する 紅海とナイル川を結ぶ運河を完成する ペルシアと地中海世界の中継地として栄える ヘロドトスが『歴史』を著す
404		28 29			404年 350年頃	ペルシア支配から独立し、第28王朝がはじまる ペルシアのエジプト侵入に備え、対抗する
380		30		ネクタネボ1世 ネクタネボ2世 アレクサンドロス	343年 332年	ふたたびアケメネス朝ペルシアの支配下にはいる アレクサンドロス大王がエジプトを征服する
305	プトレマイオス朝時代		アレクサンドリア	プトレマイオス1世 プトレマイオス2世 プトレマイオス5世 クレオパトラ7世	305年 280年頃 196年頃 30年	大王の死後、プトレマイオス将軍が即位 アレクサンドリア図書館が開かれる マネトが『エジプト史』を著す ロゼッタ・ストーンが刻まれる エジプト復興に失敗し、ローマの属州となる

[著 者] 松本 弥 (まつもと わたる)

福井県敦賀市出身、早稲田大学卒、専門は古代エジプト史
日本オリエント学会正会員
大阪大学民族藝術学会正会員
NHK文化センター青山教室（2004年以来）
郵船クルーズ「飛鳥II」世界一周クルーズ（2005～2011、2015）
などの講義、講演を通してエジプトの歴史・文化の紹介に努める。

著書に
『Let's Try! ヒエログリフ』
『黄金の国から来たファラオ』
『カイロ・エジプト博物館／ルクソール美術館への招待』
『古代エジプトのファラオ』
『古代エジプトの神々』
『写真は伝え、切手が物語るエジプト』（以上、弥呂久刊）
『物語 古代エジプト人』（文春新書）
『畿内古代遺跡ガイド』（メイツ出版）など。

テレビでは
2009年にはエジプト南西端のサハラの遺跡について
「サハラ沙漠 謎の岩絵～エジプト文明の起源に迫る～」（2009. NHKスペシャル）
「ひとはなぜ絵を描くのか」（2010. ETV特集）

2010～2011年にはスーダン北部の遺跡について
「異端の王・ブラックファラオ」（2011. NHKハイビジョン特集）
「異端の王～悠久の古代文明紀行～」（2012. NHK総合特番）に出演。

PC 編集協力●松本 誠子
イラスト●西村あつこ

図説 古代エジプト誌
ヒエログリフ文字手帳
《自然風土のめぐみ 編》

2015年12月14日 初版発行

著 者●松本 弥
発行者●株式会社 弥呂久
　　　代表者　松本惠津子
本　社●〒914-0058　福井県敦賀市三島1丁目16-9-6
営業所●〒162-0801　東京都新宿区山吹町315
TEL　03-3268-3536（編集・営業）
FAX　03-3268-3518
E-mail：yarokubooks@viola.ocn.ne.jp
印　刷●マコト印刷株式会社

©Wataru Matsumoto 2015　　　　　　　　Printed in Japan
ISBN978-4-946482-26-7
注記のある写真以外、すべての写真は松本 弥の著作物です。加えて、解説に使用しているヒエログリフ（象形文字）についても無断転載・複写を禁じます。

落丁、乱丁本はお取り替えいたします。定価はカバーに表示してあります。

ルクソール地図

❶ラメセス3世葬祭殿（マディナト・ハブ神殿）　❷王妃の谷　❸デイル・アル＝マディーナ（職人の村、墳墓群
❹アメンヘテプ3世葬祭殿（メムノン）　❺メルエンプタハ葬祭殿　❻クルナ村ほか（私人墓群）
❼ラメセス2世葬祭殿（ラメセウム）　❽ハトシェプスト女王葬祭殿（デイル・アル＝バハリ）
❾メンチュヘテプ2世葬祭墳墓（デイル・アル＝バハリ）　❿王家の谷　⓫アル＝クルン山